投資家心理

感情を支配して投資するための
セルフコーチング

王奕璿 著
田畑陣 黃婷筠 訳

ビジネス教育出版社

はじめに

感情や性格が投資の意思決定に与える影響

自分にあった投資方法はご存知ですか？

実は金融市場の取引に参加することで、自分自身のことをより一層知ることができます。ネット上では投資手法を指南する多くの専門家がいますが、彼らの多くは「お金を稼ぐことだけをしていては、人は成長することはできない。」といいます。強気市場における株の買い方や利益の出し方。弱気市場におけるストレス環境下での行動。様々な状況における自身の行動を振り返ることが、成長には欠かせません。

つい数年前までは、新規口座開設をしに銀行へ足を運ぶと、顧客に対して証券口座の開設を勧める光景をよく目にしました。普通預金の口座を開設するだけではなく、ついでに証券口座の開設をして、余った資金を投資するようにと促していました。またそこでは、簡単なテストを受けることができ、自身が保守的もしくは積極的な投資家に適しているのかを判定してくれました。

以前、私の友人も似たようなテストを受けたことがあり、自分が保守的な投資家であることを知りました。彼はその後数年間にわたり、資金運用に関する知識を蓄えましたが、実際には自分の投資がハイリスクなものへと偏っていることに気付きました。ちょうどこの時期、強気市場が十一年間に及ぶ長期にわたって続いた時代でもあり、この環境が、彼の投資タイプを変えてしまったのでしょうか。

二〇二〇年初頭、株式市場は突如として弱気相場入りをしてしまいました。それはまるで、過度に興奮した世界中の投資熱が冷水により一気に冷まされたような瞬間でした。当時、NYダウ、台湾株、英国FTSEは、非常に高値な取引が行われていました。世界中が株式市場に期待をしていた矢先、突如としてその雰囲気は冷え切ったものへと変わってしまったのです。投資家たちは皆、大打撃を喰らってしまい、投資の専門家たちですらその先がどうなってしまうのか予測することができず、あの世界的大企業アップルでさえも財務報告の予測発表を回避する状況となってしまいました。投資家たちはよりどころを失い、まるでジェットコースターに乗ったかのような、不安で落ち着かない毎日を送る羽目に陥ってしまったのです。

株価が下がると読んでいる人、株価が上がると読んでいる人、底値が来るときを待ち続ける人がいて、外に耳を傾けると様々な憶測が飛び交っていました。投資家たちにとってその当時は、自分自身の判断に頼らざるを得ない状況でした。しかし、こうした状況は初心に戻れる良い機会でもあります。同時に、自分が株式市場に対してどれ程の知識があるのかを確認することができ、自分の判断基準の正確さを見直すこともできます。

私は自分にあった取引手法が確立するまでの数年間は、少ない資金を使って取引を繰り返しました。取引する前に分析を行い、取引中にはその結果と自身の行動を観察します。そして、そこから自分に合った資金運用方法を探求した上で、どの方法が健全かつ長期的な資金運用が可能かを明確にしていきました。

本書を通して私が読者の方に共有したいことは、投資環境が我々の行動と感情にどのような影響を与えるのかです。また、本書は資金運用に関してだけではなく、投資家のためのセルフコーチング書として活用していただけるものになっています。

各章では、様々な事例を用いて以下の問題に関する議論を展開していきます。

第一章　いくつかの事例を基に自分の投資行為を分析する

第二章　台湾人投資家が共通して持つ非理性的な行動

第三章　感情がどのように投資行動に影響するか、またその感情を逆に利用することで正しい決断へと導くことはできるのか

第四章　非理性的な投資行為が我々の生活にどのような影響をもたらすのか

第五章　心理面と行動面が非理性的な投資行為へと繋がる原因を紐解く

本書では、「模範解答」や「正しい方法」といった内容を提供していく訳ではありません。投資家は皆それぞれ独自の資金運用方法と投資方法を持っているからです。また、本書の目的は、何に投資をすれば利益に繋がるのかということを共有するものでもありません。様々な事例を共有することで、読者がより健全な投資への心得を習得し、自身に合ったリスク回避方法を知るきっかけを与えたいと考えています。突如として現れる弱気市場では、感情をしっかりとコントロールし、理性を失わず、衝動的に投資をしないことが必要となります。それが苦労して蓄積してきた資産を守り抜くことへと繋がります。またそれが、安心した生活を送り、幸せに暮らすことへと導いてくれるのです。

本書の制作にあたり、監査協力いただき、完成へと導いてくださった多くの方々に感謝を申し上げます。各業界および異なる年齢の方々の助言があったからこそ、さらに読みやすく理解しやすい内容のものへと完成させることが可能となりました。私自身の経験を読者へ共有できる機会を与えてくださった文経社の方々、本書を手に取る健全な資産運用を目指す読者にもこの場を借りて感謝申し上げます。

第一章

感情に任せて投資をしていないか

投資と資金運用は感情と知識が作り出す

学生時代、私の周りには読書家や投資に精通している者たちがいました。そんな人たちから、多くのことを学ばせてもらいました。その中の一人が、勉強と投資について、期末試験の話を例に出して、こう言いました。「科目によってそれぞれ準備のプロセスは違う。それぞれの科目に対する感情も違う。また、得意科目においては、慢心がケアレスミスを発生させて試験の結果が予想通りに行かないこともある。逆に、苦手科目に対しては慎重に対応したことにより、予想以上の成績になることもある。」

この言葉は投資と感情の関係を、非常に的確に表現できています。つまり投資に必要なのは専門知識だけではないということです。株式市場のニュースを耳にしたり市場が変動するたびに、投資家の頭の中では様々な考えや感情が生まれます。そして、このときの考えと感情が、後の投資行動すなわち買いや売りなどのアクションを起こすのか、あるいは静観するのかという投資決定へと繋がるのです。

友人に孟《モン》氏という投資家がいます。彼は短期間での株取引をせず、株式を一度購入したら、すぐに売却せずに長期で保有していくタイプの投資家でした。そんな彼にとっても、二〇二〇年は、驚くべきニュースに幾度となく直面する年となりました。アメリカのトランプ元大統領がコロナウィルスに感染したことや、米政府がテキサス州ヒューストンにある中国総領事館の閉鎖を命令したこと。また、各国の新型コロナウィルスの感染状況もそのうちの一つでした。大きな変動を繰り返す株式市場を観察する孟《モン》氏の心の中には心配と恐怖の感情が生まれてしまいました。心配と恐怖は胸の息苦しさと胃腸の不快感となり彼を襲いました。そこで孟《モン》氏は自身の所有する株価が暴落する予測を立てたのです。そして損失を避けるために、短期間で株式を売却するという、普段とは違う投資決定を衝動的に下したのです。

彼は今まで自分自身のことを、長期投資家だと位置づけていました。つまり株価が底値に到達したときに資金を投入し、持ち続ける手法を用いて株取引をしてきました。しばらくした後、衝動的に下したあのときの決断が自身の投資理念と一致していないことに彼は気付いたのです。投資の世界においては、各自が培ってきた専門知識よりも、未知の状況に直面したときに生じる感情の方が、投資の意思決定に、より大きな影響をもたらすということを、彼はこの一連の流れを通じて学んだのです。

孟《モン》氏の事例を見ると、投資家は、自分自身の感情を警戒するべきであることがわかります。喜びや興奮が成功をもたらす良い感情を意味するわけではありません。過度の喜びの感情によって自信が作り出され、自分の論理と理解を超えた結果、最終的に投資の失敗に繋がる可能性があるからです。

投資をしていく過程で、自身の感情を観察して見てください。そうすれば、予期せぬ変化が起こったときに、その変化を耐え抜くのに十分な能力と計画があるかどうかを見直すことができます。

今回孟《モン》氏が経験した一連の状況が読者の皆様の身に降りかかったとしても、おそらく人それぞれ生まれる感情は違います。そして自身の感情が投資行動に対して、どのように影響を及ぼすかも知る必要があります。そのためには、意識的に感情を観察しなければなりません。人それぞれ、感情が行動に影響を及ぼすパターンを持っているはずです。自分の感情を観察し、それらをまとめて記録することで、感情が行動へどうように繋がっていくのかが見えてくるでしょう。

感情型投資家の物語

ここでは、投資家たちが実際に経験した事例を、心理状態を踏まえながら紹介していきます。投資家たちの感情がどのように意思決定や実生活に影響を与えていったのでしょうか。彼らの経験とあなた自身の経験を照らし合わせて、反省すべき点がないかを是非確認してみてください。

ファイナンシャルプランナーの沈《シェン》氏

私は現在ファイナンシャルプランナーとして働いています。大学時代は四年間、財務や経済に関する分野を学び、投資に関する知識を身に付けました。ファイナンシャルプランナーとしては、自身の投資経験や知識を活かした実践的なアドバイスを届けることで、お客様の資産運用計画のサポートをしています。

そんな私の投資人生の中にも、失敗した経験はもちろんあります。私が大学を卒業した当時、それはまだITバブルがやってくる前でした。投資に関する知識は既にあったので、結構な自信がありました。そこで私は、アルバイトで貯めた給与をすべてアメリカのルーセントテクノロジー（ALU）という企業に投資しました。この投資がすべての失敗の始まりだったのです。二〇〇〇年私がその企業に投資をした直後、株式市場は大荒れとなりました。ITバブルが崩壊したとき、一株二十ドルまで下落してしまいました。一株七十三ドルにまでは回復するだろうというのが私の予測でしたが、その後も株価は上昇せずに、最終的には、大きな損失を出してしまったのです。

しかし、これらの失敗が糧となったこともあり、今ではプロのファイナンシャルプランナーとして働くことができています。そして、今まで私が経験した失敗談も踏まえ、それを教訓としたアドバイスを、お客様に提供しています。

沈《シェン》氏と同じような経験を実際に体験したことはありませんか。

Youtuber のマーティン氏

私は大学時代、投資に関する授業をいくつか受けました。また、デリバティブの研究にも多くの時間を費やしました。その結果、お金の稼ぎ方を身に付けることができました。大学を卒業した後は、銀行で十年間働きました。市場はどのようにして影響を受けているのかを仕事を通して学習できたおかげで、投資で結構な額を儲けていました。銀行で十年間働いた後、健康上の理由から、仕事を辞めることになりました。その後は、Youtuber として、資金運用に関する知識を発信する活動を始めました。

一方投資家としては、会社員時代に貯めていた貯金をできる限り浪費しないようにした上で、貯金の一部を株取引と先物取引に投資していました。しかし、投資をするからには大儲けをしたいという思いももちろんありました。そんな私を襲ったのは、二〇二〇年初頭に起こったサウジアラビアとロシア間における石油の原油価格戦争です。石油が増産したことにより、私が所有していた石油先物もそのとき暴落してしまったのです。その後、追い討ちをかけるように始まった新型コロナウィルスの爆発的感染拡大の影響を受け、各国の株式市場は大幅に下落してしまいました。一部の資金とはいえ、大儲けしたいと思い投資に回していたお金が、一夜にしてすべて無くなってしまったのです。その当時、私みたいな状況になってしまった人が世界中に多くいたことでしょう。

マーティン氏と同じような経験を実際に体験したことはありませんか。

マーケットアナリストのエクソン氏

私が初めて行った投資は二〇〇〇年十月で、マーケットアナリストの職を始めたばかりの頃でした。職業柄私は様々な分析ツールについて熟知していました。そんな私は、二〇〇八年に金融市場が崩壊しかけていることに気付きました。このときに始まっていた下落こそが、株式史上最悪な状況にまで陥ってしまうことになる世界金融危機の始まりだったのです。世界金融危機が始まった当初、世界中から素晴らしい会社であると認められているバンク・オブ・アメリカ・コーポレーション（ＢＡＣ）の株価は半分近くまで下落していました。このとき私はウォーレン・バフェットの名言の一つ「並の会社を割安に買うよりも、成長を続けることができる偉大な会社の株式を適正価格で買えたらいい」という言葉を思い出しました。

50％の割引価格は既に「適正価格」に到達したと判断しました。当時、一株あたりの価格は二十四ドルでした。そこで私は、三千ドル分の株を購入しました。しかし私の予想とは裏腹に、その後もバンク・オブ・アメリカ・コーポレーション（ＢＡＣ）の株価の下落は止まらず、わずか数か月で、株価はさらに50％も下落してしまいました。二〇〇九年三月の時点では、私が購入した時よりも、十八ドルも下がった価格にまで落ちてしまいました。その会社の将来的価値も考慮しながら株式投資をする私は、その後も株を長く保有していこうと試みましたが、当時の株式市場の下落は止まらない一方でした。その後も続く下落相場に耐えることができず、最終的にはすべての株を売却しました。あれから十年以上経った今、バンク・オブ・アメリカ・コーポレーション（ＢＡＣ）の株価は徐々に上昇し、私が購入した時と同じ価格にまで回復しました。

エクソン氏と同じような経験を実際に体験したことはありませんか。

ルービン氏の新婚生活

私は以前から交際していた彼女と結婚した後、有名な投資系インフルエンサーのアドバイスに従い、株式投資を始めました。結婚資金として貯めていたものの、使ってこなかったお金を投資資金に回しました。ただ、私が企業の管理職に就いて働いていたこともあり、平日や休日を問わず仕事が忙しく、投資する会社を深く研究したり、将来的な投資計画をしたりする余裕はありませんでした。その会社がどんな製品やサービスを提供しているのかといった情報や、その会社の財務諸表も確認していない状態のまま、大きなリターンを期待して、IT企業に投資しました。

しかし株取引を始めた矢先、二〇〇〇年のITバブルの崩壊が訪れました。幸いにも、貯金の一部を投資に回していたこともあり、損失はあったものの、全資金を失うまでには至りませんでした。

ルービン氏と同じような経験を実際に体験したことはありませんか。

劉《リュウ》氏の小さな夢

私は一般家庭で生まれ育ち、何不自由ない生活を送ってきました。そんな私は数年前に、貯めていた数千万台湾ドルを使い、当時話題になっていた液晶パネルを販売している会社の株を購入しました。そのとき、千株の価格は約五十台湾ドルで、私は三十万株を購入しました。そして株価が八十台湾ドルまで上昇したら売却しようと考えていました。しかし実際は、二〇〇八年に起こった金融危機の影響により、株価は暴落してしまったのです。私は依然として売らない姿勢を堅持し、株価が八十台湾ドルの価格以上に値上がりすることを待ち続けていました。

しばらく経った二〇一一年、千株の株価は二十台湾ドルまで下がっていました。私は底値を打ったと判断し、この機会を利用して今までの損失を埋めようと、追加で二十万株を購入しました。その結果、私の保有する合計株は五十万株となりました。そして、今度は七十五台湾ドルになったときに、今まで保有してきた株をすべて売却する計画を立てました。そんな私が立てた計画は、二〇二〇年になった今でもまだ、実行できてはいません。

劉《リュウ》氏と同じような経験を実際に体験したことはありませんか。

落ち着いて投資ができているか

自分が衝動的に取引をする投資家であるか否かは、意外にも自分ではわからないものです。自分自身では理性的に投資をしていると思っていても、自分を正しく分析できていない可能性もあります。ここでは自身のことをより客観的に見るために、いくつかの質問をさせていただきます。あなた自身のことをより正確に分析するために、実際にその状況に遭遇したらどのように行動するのかを考えてみてください。

次の質問には、あなた自身の経験や動機を問う質問があります。記憶が曖昧で答えられない方は、今後、取引を行う際に、少し立ち止まって冷静に考えてみることをおすすめします。株式市場の状況とそのときの考えを照らし合わせて見ると、よりはっきりと自分の本来の姿が見えてきます。

1. 投資資金が必要なとき、家を抵当にして銀行から融資を受けることを考えたことがありますか。
2. 投資資金が必要なとき、生命保険に質権を設定して融資を受けることを考えたことがありますか。
3. 投資資金が必要なとき、親戚や友人からお金を借りることを考えたことがありますか。
4. 投資資金が必要なとき、レバレッジ取引を考えたことがありますか。
5. 投資する前に、複数の投資専門家の考えや発言を基に情報収集をしたり、分析したりしますか。
6. 安値で買うことよりも手に入れることに目的が移ってしまったことはありますか。

7. 株価が急に下落したときに損失を恐れて、すぐに売却してしまったことがありますか。
8. 十年程前に購入したときの価格から半分以上価格が落ちてしまっている金融商品を持っていますか。
9. 自身の投資方法に対する反対意見に対して耳を傾けない傾向がありますか。
10. 自分の投資判断に自信を持っていたことにより、その結果損をしたことはありますか。
11. 保有する金融商品や株式相場が上昇するのを見ると、血圧が上昇したり、心臓がドキドキしたりするなどの興奮状態になりますか。
12. 株や先物、オプション取引で利益を得ている人を見ると、何も考えずに真似をしてみたくなりますか。
13. 狙っている会社の商品や企業体質が悪くても、テクニカル分析の結果次第では、その会社の株を購入しますか。
14. ある一定の業界の株のみ購入していますか。
15. 一つの会社の株のみ保有していますか。
16. 株を保有する期間は二か月以内であり、短期売買を好みますか。
17. 会社の良いニュースを聞くと、期待を抱き、できるだけ早くその会社の株を購入する傾向がありますか。

これらの質問は、投資家が間違いを犯してしまうことにつながる心理に関する研究の中で、数千人の証券外務員の回答を基に台湾人が投資するときの共通の習慣をまとめたものです。続く第二章では、これらの質問に対する解説をしていきます。

質問	失敗につながる投資行為の特徴
1-4	お金を借りて投資する
5	十分な知識がない状態で投資する
6-7	天井で掴み、底で離してしまう
8	損切りをしない
9-10	過度な自信を持つ
11	市場の情報に対して過剰に反応する
12	バンドワゴン効果
13	テクニカル分析に頼る
14-15	卵を一つの籠に盛る
16	焦って利益を得ようとする
17	インフルエンサーの情報を鵜呑みにする 市場の情報に対して過剰に反応する

第二章

感情型投資の特徴

初心者にとって、どんな心理や思考が投資をするトリガーになるのでしょうか。何が投資ミスを引き起こすことに繋がるのでしょうか。

ここで紹介する事例は、唯一の正しい答えであるという訳ではありません。市場では、誰もが独自の投資方法、理念を持っています。あなたも他者の成功体験を聞いたことがあるでしょう。その人であったからこそ成功した方法が、他人が使ったとしても成功しないことも当然ありえる話です。

紹介する事例は、実体験を基にした内容です。彼ら初心者投資家の経験を通じて、読者の皆様には、千変万化の市場に直面したときのための心の準備をしていただきたいと思います。

お金を借りて投資する

借金をして投資することに関して、ウォーレン・バフェットが残した名言があります。「お金を借りて投資することでお金持ちになれるかもしれないが、さらに貧乏になるのかもしれない。一度レバレッジを用いてお金を得てしまうと、中毒になったように、過去の保守的な投資方法に戻ることができる人は少ない。」つまり、一度レバレッジ投資を始めてしまうと、「元には戻れない」ということです。

お金を借りて投資する際に気を付けるべきことは何か

（1）利益と利息の関係を考える

お金を借りて投資する際は、投資対象についてよく調べ、その投資で得た利益により、借入利息（借入金利）を安定的に返済できるかどうかを慎重に考える必要があります。また、利息を返済した上で、利益は残るのかも同様に考える必要があります。もし得られる利益と返済する利息が同等である場合、お金を借りてまで投資をする必要があるのかを考えなければなりません。ウォーレン・バフェットもかつては、彼の所有する会社バークシャー・ハサウェイの事業拡大のために、お金を借りて投資したことがあります。しかし彼の場合、十分な手元資金があり、その上投資利益率の高い投資をしていたため、安定的に利息を返済することができていたのです。我々が第一にやるべきことは、自身の置かれている状況を考慮し、お金を借りて投資した場合に、しっかりと返済していくことできるかどうかを判断することです。

（2）余生とリスクを考える

お金が稼げるかどうかにかかわらず、お金を借りて投資することにどれだけの心理的ストレスがかかるのかを考える必要があります。これは、あなたが定年退職をした、もしくは間もなく定年退職を迎える年齢の人であれば、尚更考えるべき内容です。お金を借りた上で投資することで、心理的ストレスが発生し、不眠症に陥ってしまったりする人もいます。そして、投資に失敗すれば、巨大な経済的ストレスを背負うことにもなりかねません。お金を稼ぐためにとった行動が、食欲や睡眠の質に影響を与え、結果として、ゆったりとした理想の老後生活を台無しにする可能性もあるのです。

私自身は、お金を借りて投資する投資家ではありません。しかし、私の親戚の中に、お金を借りて投資を行い、その結果失敗した人がいます。彼は、台湾加権指数の株価が一万二千台湾ドルにまで急上昇したとき、お金を借りて先物取引に投資しました。しかし、その結果は失敗に終わり、手元に残ったのは借金だけでした。最終的に、借金を返済するため、彼の父親が所有していた造船会社と一等地にあった土地を売却することになってしまったのです。彼は、この投資によって、結婚生活と家族との関係の両方を失いました。このように、過度に自身の資金を拡大しようとする気持ちは、自分の生活をむしろ壊してしまうこともあります。

十分な知識がない状態で投資する

「小学校五年生までの算数ができれば、株式市場に参入する能力があります。」ピーター・リンチが残した名言です。投資に「ロケット科学」のように複雑な知識は不要であるが、少しの知識は必要であるということです。

冷静な投資家は、一部の情報だけを基に衝動的な取引はしません。私の友人である何氏《ホウ》は二〇二〇年から株取引を始めました。当時、投資番組が数多く放送されていました。それらの番組の中には、主に老後に起こり得る資金の問題を紹介し、長期的に株を保有することを勧める内容のものがありました。そんな二〇二〇年初頭、何氏《ホウ》は決心し、百万台湾ドルを投資資金として金融株を購入しました。しかし、なんと不幸なことに、最も高値のタイミングで購入してしまったのです。何氏《ホウ》は当初、十分な情報を収集しなかったことを悔やみました。実は、何氏《ホウ》が投資を始めたとき、何氏《ホウ》の知らないところでは既に、株式市場は相対的に見ても高値の傾向があり、投資額を減らす方が無難であると考える者が多くいたのです。そんな状況に気付きもせず、自身がフォローしているインフルエンサーの情報を鵜呑みにし、投資を始めてしまったのです。

冷静な投資家は、各方面から来る情報の背後には、どんな動機があるのかを分析します。専門家のアドバイスを参考に投資に参加することは悪いことではありませんが、利益を得るのも損失を負担するのも自分自身であるということを知っておく必要があります。そのため、どんな専門家がアドバイスを言おうとも、自分自身の頭を使い、分析した後に判断しなければいけません。

投資家が行うべきは、様々な意見や情報を自分なりに解釈してメリットとデメリットを整理することです。ただ、メリットともデメリットともいえない情報もあるでしょう。それでも構いません。投資の世界では絶対は存在しないからです。また、考え抜いた先に、今の段階では失敗を耐え抜く能力がないと判断したならば、大きな利益を狙いにいくよりも、損をしない方法を選ぶ方が賢明だといえるでしょう。株取引をする上で、慎重かつ保守的な選択が上策となる場合もあるのです。

天井で掴み、底で離してしまう

ウォール街に伝わる一つの格言があります。「多くの投資家は高い価格で買い、低い価格で売るという過ちを犯している。その逆である低買高売こそが、正しい長期投資の戦略なのだ。」一九二九年にアメリカ発の世界恐慌と第一次世界大戦を経験した、投資家のウィリアム・ギャンも同じく、それに近しい言葉を残しました。「取引量が大きく増えた後に購入すべきではない。取引量が大幅に減った後に売ってはいけない。」

趙《チョウ》氏は20歳から投資を始めましたが、当時はインターネットが発達しておらず、投資に関して勉強をすることが困難な時代でした。そのため、彼は本を買ってすべて独学で投資に関する知識を身につけていったのです。今では当然のようにインターネットで投資する会社の情報を調べることができます。そしてさらに集めたデータを基に自分で考え、判断することもできます。そんな今とは真逆の当時に、趙《チョウ》氏は新聞社で働く友人から得た情報を基に判断した後、新規上場株式を購入しました。しかし彼にはその後、兵役が始まってしまい、自分が投資した株に注意を向ける時間がありませんでした。その結果、兵役を終えて間もなく、彼の株価は購入時の価格から半分の価格にまで下がってしまいました。幸運なことに、彼の投資した額はそれほど多くはありませんでした。この出来事を教訓として、二度目は、有名な王道株を購入する計画を立てていました。しかしそのとき、株式市場は100ポイント近くの価格上昇が起こっていたのです。趙《チョウ》氏は、市場でこのままさらなる価格上昇が続けば、その後の投資コストが増えると予測しました。そして、今のうち割安な価格で買うべきであると考え、計画を立てていた王道株を急遽購入することに決めました。購入から5分が経過したそのとき、アジア全体の株式市場が反転し、急落してしまったのです。彼はショックのあまり言葉を失いました。

投資の本質を捉えることは難しいと思われがちですが、実は単純です。「安く買って、高く売る」が投資の原則なのです。興味深いことに、多くの投資家が原則とは逆の「高く買って、安く売る」という行動をして後悔することがあります。理解してはいるものの、全く逆のことをしてしまう要因はどこにあるのでしょうか。

実際のところ、趙《チョウ》氏は心理学科を卒業し、自分の感情に対し非常に敏感であった投資家でもありました。彼は投資人生における一連の失敗談を振り返り、今だからわかることを私に共有してくれました。そのとき趙《チョウ》氏は、「もし今購入しなければ、今後今より低い価格で買えないかもしれない。」という気持ちがあったといいます。もしかしたらその考え自体がその後の失敗を招いた原因だったのかもしれません。趙《チョウ》氏が株式の購入をしたその当時は、株の取引量が多くなったことにより株価が徐々に上昇しているタイミングでもありました。それは、彼の購入するタイミングが既に他の人よりも数歩遅れており、株価が相対的に高くなっていたことを意味します。

当然ながら趙《チョウ》氏はいつも株価が低い時に買うことを望んでいます。しかし実際に自分がしていることは「株価が高い時に買っている」ことに気付きました。彼はその後、自分のやり方を一から見つめ直すことにしました。そこで彼が自身に追加した条件は、株を購入するとき、合理的な価格を超えているかどうかを分析するという内容でした。株価が合理的な価格を大幅に超えてしまっているときは、一か月でも二か月でも半年間でも辛抱強く待ち、株価が合理的に安い価格に戻ったときに、手を出す、そんな手法に変えたのです。

趙《チョウ》氏が身を持って経験して得たこの教訓は、彼にとってはウォール街に伝わるどの名言よりも貴重なものとなり、彼の心に深く刻まれたのです。

損切りをしない

投資家ソロスが残した名言があります。「私の成功の秘訣は、正しい推測をするのではなく、過ちを認めることだ…私は過ちを認めることを誇りに思う。」

確かに、自分の過ちに直面して、既に発生した事実を受け入れるには、大きな勇気と忍耐力が必要であり、決して容易なことではありません。しかし、成功してきた投資家は、間違いに直面してもすぐに修正をしてきた人たちなのです。怠惰、傲慢、過ちを認めないなどの人間が持つ弱点を持ったまま成功できる人は誰もいません。そのため、投資家は自分の人間性を克服する方法を学ぶ必要があるのです。さもないと、成功するチャンスは格段に少なくなってしまうのです。

私の友人である蔡《チャイ》氏は、オーストラリアドルの外貨建て保険の資産運用によって大きな損失を被った経験を私に教えてくれました。オーストラリアドルが史上最高点に上昇していた頃、蔡《チャイ》氏は高校時代からの友人であった保険営業マンに説得され、六年間のオーストラリアドル貯蓄型の生命保険を購入しました。しかし、購入後数年間にわたり、オーストラリアドルの為替レートは年々下がっていました。そして彼はやがて、これ以上資金を投入できないと考えるようになりました。最終的には、友人にはっきりと意思を伝えた上で、解約することになったのです。

蔡《チャイ》氏は自身の経験を基に得た話を私に教えてくれました。「自分が投資した商品の価値が常に下落し続けているのにもかかわらず、何故投資家はその状況を変えようとはしないのか。それは、自分がどれだけ損したのか清算することを避けているからだ。」と彼は言いました。オーストラリアドルの為替レートが惨めにも下落し続け、彼の利益率も同時に下がっていたのにもかかわらず、考えるたびに心が痛むからと逃避を繰り返し、放っておいてしまったのです。

「逃避」は人間の弱点の一つです。我々人間は、自分の間違った意思決定による否定的な結果と向き合うことを避ける傾向があります。株式市場が下落した時の投資家の心理状態を調べるために、ある研究テストが行われました。その結果、株式市場が下落した時、投資家は自分の保有する金融商品の状況をあまり気にしていないことが判明したのです。このようにして起こる現実逃避は、損失を生み続けてしまうのです。蔡《チャイ》氏が得た教訓は、損失を止めるためには、勇敢に事実に直面し、過ちを認めなければならないということでした。

過度な自信を持つ

ベンジャミン・グレアムは言いました。「投資家にとって最大の問題、そして最大の敵は大抵自分自身である。」そして、フィリップ・フィッシャーはこう言いました。「株式市場で最も面白いのは、買う人も売る人も、自分自身の方が、もう片方の人よりも優れていると思っていることだ。」

投資の世界ではこんな言葉があります。「資金と自信が相場を上げる。」投資家たちの持つ自信が、市場の取引頻度を上昇させ、それによって株式市場は盛り上がりを見せるのです。しかし、投資家が過度な自信を持ったり自分に対する優越感が強いと、偏った心理状態に陥ってしまいます。その結果、自分には優れた投資知識があると思い込み、自分の能力を超えた投資をしてしまいます。また、自分の投資結果に対しては過大評価をした上で、大きなリターンが来ることを望みはするものの、肝心なリスクに関しては過小評価してしまうのです。

過度な自信は、実際の状況より自己に対する感覚の方をより重視してしまうことに起因します。ここで、身近な例を一つ挙げます。ある旅行者は自分の方向感覚が良いと信じており、見知らぬ土地にもかかわらず迷う危険を過小評価しています。そして地図を持たずに、人に道を尋ねることもなく、目的地に到着できるものだと考えて結果目的地に到着できずに歩き続けます。これを投資家に置き換えてみると、過度な自信を持って満足してしまい、市場の変動によるリスクを過小評価している状態です。

私の友人の頼《ライ》氏は受動素子という部品を扱う会社に投資しました。そんな彼に、投資したその会社の商品について詳しく尋ねたところ、よく調べずに投資したので商品についてはよくわからない、と言いました。これは危険な投資といえる事例です。

投資家の多くが、本業の仕事を持っているため、投資に割ける時間は限られています。もしあなたがサラリーマン投資家なら、普段の生活の中でよく見かける、馴染みのある商品の中から選ぶことをおすすめします。そして商品・サービスに何か変化があったときに、自分の投資にはどんな影響があるのかを正確に判断できるようにするべきです。

当然人間は完璧ではなく、何もかも知っている訳でも、予測できる訳でもありません。初心者の投資家が商品についてあまり知らない会社に投資をしたい場合、まずはよく研究し、株価が下がっても後悔しないように、十分に勉強する必要があります。ウォーレン・バフェットのように経験のある世界的な投資家ですら、「ウォールストリートジャーナル」「金融タイムズ」「ニューヨーク・タイムズ」「USA TODAY」「バンク・オブ・アメリカ」といった情報誌に毎朝目を通して、トレンドと市場の変化を把握しているのです。さらに、バフェットは多くの会社の財務報告書を読み解読することも欠かしてはいません。つまり、投資の世界では、苦労せずに得られる近道などは存在せず、自分が投資した商品には常に気を遣って生活していなければなりません。さもないと市場が変動したときに、リスクを避けられず損をしてしまいます。また、常にオープンマインドの姿勢を保つ、異なる意見や分析にも耳を傾ける、冷静に判断する、自分が選んだ道の結果を背負う、ということも必要です。

バンドワゴン効果

ファンドマネージャーのジョン・テンプルトンは言いました。「他人と違うことをしなければ、優れた結果を出すことは難しい。他の投資家たちをしのぐには、他の投資家たちがやらないことをしなければならない。他人が絶望を感じている時に買い、他人が希望に満ちているときに売る、そのためには自己の強い意志に頼らなければならない。」

バンドワゴン効果は、市場でよく見られる現象を説明している言葉です。羊の群れのように、何も考えずに前だけを見ては追いかけて、一匹ずつ飛び込んでいく様子を映し出した言葉です。例えば、ある会社の株価の上昇に関するニュースを見た投資家たちは、その会社の株を急いで購入するという行動に移ります。その逆も同様に、株価下落のニュースが出ると、投資家は急いで売ってしまいます。

また、バンドワゴン効果は、投資家の「高値で買い、安値で売る」という行動を引き起こします。そして、投資専門家が将来性のある会社やサプライヤーの会社を分析したときにも、同様の事柄が起こります。専門家の発言をメディアが報道した翌日あるいは報道される数日前から、多くの人に注目され、市場価格が上昇するのです。しかし、実際にはこの時点での買い注文は、既に何歩も他者から後れをとってしまっています。そのため、その話題が冷めたときに注目することが、より良い買い方だといえます。

投資市場には人気のない株もあります。私の同僚の柯《カ》氏は、数多くの株がある中で、誰も気付いていない優良株を発掘することが好きです。またそれが彼にとって、投資を行う動機にもなっています。彼は、まだ誰も気付いていない段階で隠れた優良企業の財務諸表を分析し、適切なタイミングで投資するのを待つのです。このように、周りやトレンドに合わせて投資商品を選ぶより、大衆とは逆方向に進み、孤独に耐えながらも投資を行うやり方が、彼の投資スタイルなのです。彼はこう言います。「宝を探し出すこの過程を通して、自分の直感と正確な判断力を周りに証明することができ、そして達成感を得ることもできた。周りやトレンドに従うことで、そこからある程度の安心感を得ることができるかもしれない。しかしこれは、予測と判断に自信がないことの表れなのかもしれない。」周りの投資に従うということは、自分の頭の中が整理できておらず、判断力が欠如している状態だとも言えます。そしてニュースを聞いて反応することにより一歩遅れてしまい、「安く売って高く買う」という失敗を招いてしまう可能性がある、ということに注意しなければなりません。

テクニカル分析にのみ頼る

ニュートンは言いました。
「天体の動きなら計算できるが、群集の狂気は計算できない。」

専門家によって異なる見解を持つことがあります。例えば、同一の株価チャートについて意見を求めても、専門家により、意見が分かれることもあるのです。二〇二〇年初頭に訪れた、株式、債券、金、石油市場のすべてが下落相場だった当時を思い出してみると、経済番組では現在の経済状況やその後の市場変動に関して、ゲストたちがそれぞれの持つ見解を述べていました。同じ株価チャートを基に話し合いをしていても、それぞれ異なる見解を持ち、異なる分析をしていたのです。

同様に、上昇トレンドに関しても同じことがいえます。この年においても、楽観的な人は買い続け、保守的な人は売却するといったように、人によって異なる動きをするのです。テクニカル分析は次のような特徴がありますので、留意が必要です

（1）「確率」の傾向を提供するだけであり、最も正確で唯一の予測を意味するわけではない。

（2）テクニカル分析をする者の性格が異なり、保守的・積極的といった投資タイプも異なれば、当然分析結果や予測も異なる。

（3）過去の一定期間における市場を数値化したデータであり、未来の傾向を完全に表すことはできない。

（4）予想外なことが発生すると、株価が高すぎたり低すぎたりする極端な状況に陥って

しまい、正確さを欠いたチャートになってしまうこともある。

テクニカル分析を好む投資家は、テクニカル分析を使用して成功したことがある場合が多いです。彼らはテクニカル分析で成功し、自身の分析に自信を持っているため、テクニカル分析を基に投資をするのです。しかし、会社が投資する価値があるかどうかを判断するのは、テクニカル分析だけではなくファンダメンタル分析もしっかりとする必要があります。

焦って利益を得ようとする

ウォーレン・バフェットは言いました。「私たちが株式を持つ会社に、優秀な経営管理チームがいれば、私たちは永遠にその会社の株式を持つことを好みます。」

ベンジャミン・グレアムは言いました。「投資家は投機家ではなく、常に投資家として行動する必要があります。つまり、受け取ることができるリターンが購入の価値よりも大きいという前提で、投資家は、行うすべての売買と支払うすべての支払いが客観的中立性に基づいていることを証明できるはずです。」

自分自身に問いかけてみてください。焦って利益を得ようとするとき、どの考えが焦りをもたらしているのでしょうか。投資する対象について徹底的に理解をしていますか。ただ足早に利益を得るためにいい加減になってはいませんか。もしそうならば、この「急ぎ」は、投機的な心理状態から生まれているのかもしれません。

バフェットのパートナー、チャーリー・マンガーは「待つことは投資家にとって大きな助けになる。多くの人は待つことができない。」と言いました。

私の個人的な経験では、取引は一度投機的な心理を抱くと、失敗に陥ってしまいます。自分の感情をコントロールしたいのであれば、投機心理から抜け出さなければなりません。お金を急いで増やしたいという浅はかな考えを持つと、さらにレバレッジを拡大して、高リスク取引を行い、迅速に利益を得ようとしてしまいます。これは、かつてある人が経験した話です。安定した仕事を辞めたばかりのフルタイム投資家がいました。その人はテクニカル分析に慣れ、自分の投資に自信を持っていました。そして、融資、証券融資、先物に投資をしましたが、不幸にも株式市場が暴落してしまいました。巨額の保証金のために、レバレッジを増やして外貨にも投資するなどし、自ら自分を困難な道へと導いてしまったのです。

古代から伝わる「毫釐の差は千里の謬り」という言葉があるように、ほんの小さなものでも焦りの感情が生まれると、投資行動は簡単に自分の行きたい道を外れ、利益を得るために高リスク投資に進んでしまうことに繋がります。投資の目的は生活の質を向上させるためです。「急ぎ」のために自分の許容度を超えた財務リスクを負って実行し、元の静かな生活を台無しにしないように注意しなければなりません。

市場の情報に対して過剰に反応する

ベンジャミン・グレアムが残した言葉があります。「株を買うことはビジネスの一部だ。市場は常に過度な興奮と過度な悲観の間で揺れている。知恵のある投資家は過度に悲観的な人から株を買い、過度に興奮した人に売っていく。自分のパフォーマンスは、証券のパフォーマンスよりはるかに投資収益に一番影響を与える。」

ここで、読者の皆様に率直なアドバイスがあります。もし株価が下落したときにあなたが動揺し、食事が喉を通らず、寝つきが悪くなってしまったのならば、正常な生活に影響を与えないよう投資方法を変えることをおすすめします。セス・クラーマは、十五億の資金を管理する投資会社の社長として、投資家にとっての一晩の睡眠の重要性について述べたことがあります。もしあなたが他者の言動から影響を受けやすいのであれば、リスクの取り方について考え直すべきです。

私の友人である馬氏《マ》は、高リスク市場に資金を投資する割合が高く、多大な損失をした経験があります。それ以降、彼はずっと負けられない圧力を背負っています。市場に少しでも動きが見えると、馬氏《マ》の心の中は緊迫し、買うか、売るか、お金を借りるかを考え始めてしまうのです。リーマンショックが訪れた日々には、彼は睡眠薬、抗うつ薬を飲む生活を余儀なくされました。負けることもできなければ、親友の前で恥をさらすこともできないと、職場では平気なふりをしなければならない日々が続きました。強靭な馬氏《マ》は、借金を返済するため仕事が終わった後もまた別の仕事をしなければなりませんでした。その当時は彼にとって本当に悪夢のような日々だったのです。

その後、馬《マ》氏は友人のアドバイスで、リスクが少ない金融商品に投資対象を移行しました。すると彼の精神は再び回復していき、寝つきも改善されたのです。馬《マ》氏はそのときのことを考えると今でも動悸を感じてしまいますが、当時はまだ家庭を持っていなかったことや、付き添ってくれる友達がいてよかったと安堵に包まれるのです。投資は希望通りにならず失望することも多く、健康への影響も大きいため、どんな投資方式が自分に最も適しているのかを冷静に考えるべきです。預貯金額が少ないからといってそれに影響を受け、終わりのない借金返済の人生に足を踏み入れないでください。

卵を一つの籠に盛る

「卵を一つの籠に盛ってはいけない。」小説「ドン・キホーテ」に登場する名言です。

「集中投資」とは、単一の原資産または単一の株式への投資に集中していることを指しているのでしょうか。その答えはノーです。そのことに関する書籍があります。アレン・カルプ・ベネロ（Allen Carp Benello）の『集中投資』（Concentrated Investing）という本です。彼は何人かの集中投資家の巨匠たちを研究しました。そこから発見できたことは、彼らは集中投資家ではあるが、投資のスタイルは単一の原資産や単一の株式に投資するやり方ではなかったのです。彼らは自分の投資資金を5社から二十社の株の購入へと回していました。

投資初心者は、所有する株が単一に固まり、さらに投資の対象物が単一に固まってしまうことがあります。それは、予測できないリスクに直面する恐れに繋がってしまいます。私の友人の康氏は石油化学関連銘柄に夢中でした。配当利回りが高く業績も安定しており、経済番組もこの石油化学関連株をおすすめしていたため、今まで貯めてきた資金を使い石油化学関連銘柄に投資をすることにしました。しかし彼が投資をしてしばらくした頃、マイナス原油価格事件（※二〇二〇年ＷＴＩ原油価格）が発生しました。投資初心者の彼にとって、このような数十年間に一度の事件が起こるなんてことは考えもしていなかったため、その後気持ちが落ち着かない日々を送ることになってしまいました。

そんな彼は今でもその会社に希望を持っており、株価が徐々に元の位置に戻るのを待っています。結果的には、少し利益が出るほどにまで回復したため、今は気持ち的にも楽になっています。今回の経験を通して彼は、安全に見える株であっても、一つの会社に集中して投資してはいけないことを学びました。彼のような投資経験のない社会人が予想外の状況に遭遇すると、資金を取り戻すのに多くの時間を要します。例外はあるものの、会社員として働きながら初めて投資を始める初心者投資家は、自分の財力より高いリスクを負うことは避けた方が良いでしょう。

社会人が仕事の合間に投資に時間を割くことができる時間は限られています。退勤後、もしくは昼休みの約一時間から二時間の間に、その日の相場を把握しましょう。そして、自分が負担できて、また関心や興味があり、楽しく研究できるいくつかの会社に投資先を分散して、投資対象を単一に集中させないで投資を行うと良いでしょう。

第三章

感情の浮き沈みがどのように投資決定に影響するか

ネガティブ感情での取引

株式市場の大きな変動は、感情の暴走を引き起こすと思いますか。

答えは「イエス」です。

これは特に、弱気市場なのにもかかわらず、配当利回りが過度に期待されているときに起こります。二〇二〇年三月末、台湾加権指数は11320ポイントから8523ポイントまでジェットコースターのように下落しました。このとき、投資家は心の準備を全くしていませんでした。市場の雰囲気は低迷し、投資家の資産は一瞬にして減少してしまったのです。多くの人が個人のソーシャルサイトPTT版で自分の悲しさを訴えました。

また、その年の四月の原油価格は、一晩でマイナス価格にまで落ち、多くの投資家が多大な損失を負いました。株式市場の上昇や下降は、投資家の心理に影響を与え、取引につながる感情を生む可能性があります。

次は、自分のことを客観的に見ることができるように、取引に影響するネガティブな感情をまとめたものです。

怒り―取引が失敗した後、怒りの感情が湧いてくる。次回の取引はリベンジしたいという気持ちから、次こそは成功できるはずであると自信が湧き、大胆な投資になってしまう。

恐怖―もともとうまくいっている投資やこれから行う投資が損失を出してしまうのではないかと心配することにより、次のアクションを踏みとどまる。

失望―自己管理の足りなさに失望し、著しい利益効果が出てこないことにより、取引する自信を失ってしまう。

興奮―巨額の取引をしたときや複数にわたる取引の末に利益を得た後に起こる。興奮しすぎると、元の投資計画を混乱させ、取引頻度が上昇し、様々なところからお金を借りる恐れがでてしまう。

悲しみ―大きな損失が出たり、資産が減少してしまったときに起こる悲しみの感情は、次の取引で再び損失を出したくないと次の取引を踏みとどまってしまったり、損切りをしたくはないと考える。

驚き―突然の市場変動により、感情的な意思決定を引き起こしたり、驚いたことにより本来予定されていた取引計画を放棄したりする。

情熱の欠如―投資は多くの情熱とエネルギーを必要とする。情熱と精力があってこそ、投資に専念することができる。

不安―過度な不安は投資する際に過度な精神的ストレスを引き起こす。自信があれば、不安を克服するのに役立つ。

焦り―長い目で見ると、投資は資産形成に役立つ。一方、早く利益を出したいと考えてしまうと、失敗する可能性は高くなる。

憂鬱―憂鬱な感情は取引ができない状態にまで陥ってしまう。投資の失敗から回復するよりも、憂鬱状態から回復する方がさらに時間を要する。

軽蔑―軽蔑は偏見を招き、間違った意思決定につながる。

プライド―過剰な取引量を招き、損失を認めることができない。自分の能力を証明するために、当初の取引計画すらも変えてしまう。

羞恥―取引によって生じる損失を恥じたり、取引における間違いの見直しを避けたりする。

嫉妬―取引の過程や原因ではなく、利益だけに注目する。

アメリカ精神医学会の報告によると、二〇一八年にアメリカの株式市場が激しく変動したとき、年齢層人種性別問わずアメリカ人全体における不安指数が増し、金銭関連に対する不安も上昇していきました。

次に挙げる症状を確認することで、市場のボラティリティが投資家に与える悪影響を知ることができます。株式市場のストレス（stock market stress）、市場不安症候群（stock market anxiety syndrome）、経済不況憂鬱症（recession depression）、投資不安症（investing anxiety）、財務不安症（financial anxiety）。これらの心身の症状は、当然取引中の意思決定に影響を与えます。

次に列挙する十四種類の感情的特徴を参考に、自分の投資行為を確認してみてください。該当する特徴が自分にあるかどうか、もしあれば、感情的になり投資をしてしまう傾向があることを示しています。

・怒りの感情により大胆な投資をしたことがある。

・損失を負った後、次は早く儲けたいという気持ちが湧いた。
・資金の損失があるので、損切りしたくないと考えた。
・興奮した感情により、もともと予定していた取引計画を放棄した。
・悲しい感情により、本来予定されていた取引計画を放棄した。
・憂鬱や感情が崩壊したことにより取引ができなくなったことがある。
・投資成果を親戚や友人の間で比較するものとして見ている。
・取引過程から失敗の原因を見つける努力をしない。

・注文してから結果を待つまで、不安に襲われ、夜に寝つきが悪くなる。

・早くお金持ちになりたいと思っている。

・短期投資家であり、投資損失を認めたくないと思ったことがある。

・投資結果が自分より良くない他者を軽蔑する。

記録を基に感情が意思決定に与える影響を分析

梁《リョウ》氏は昨年証券口座を開設したばかりで、まだ投資には慣れていません。ある日の朝、体調が優れないため、仕事を休むことにしました。ある会社の第一四半期の営業利益が黒字であることを、経済ニュースを見て知っていたので、休みの日を使って、この機会に金融株を買うことにしました。そして投資を始めるにあたって、投資に影響する微細な感情の起伏を後で分析するために、小学生が書くかのようにその日の過程と気持ちを一つずつノートに残すことにしました。

銀行の株を買い、後に価格が上がったときに売るのが今日の私の「希望」。九時になったらすぐにオンラインで株式市場を確認し、適切な価格で買えるまで待つ。初心者だから、「慎重」に、数字の変動を見ながら、最低価格を探す。まだ新しい取引システムに慣れていないため、今日の最初の取引は低価格で購入できなかった。もたついているうちにその会社の株価は上昇してしまった。気持ちは少し「失望」してしまった。しばらく待って、自作のリストをしばらく眺めて、ワンコイン株を買うことにした。しかし、私が注文した時、突然株に関して研究不足だということに対し「不安」になった。そして躊躇してしまったため、二番目の注文の機会を逃した。似たような状況を過去に何度も経験したことがある。同僚の程《チエン》氏は、聞くところによると、この二週間は安値で購入してずいぶん儲けたそうだ。心の中では彼に対して「羨ましさ」や「希望」の感情を抱いている。自分も程《チエン》氏のように生活費を稼ぎたいので、今朝は必ず私も安値で購入しなければならない。私が自分に与えたこの目標に対して、「焦り」と「ストレス」を感じ始めた。午前中の機会を無駄にしないように、私はまず「冒険」することに決めた。その後「貪欲」に駆られ、全資金の半分を、最近の良さそうに見える外資企業が投資する企業の株を買った。不幸にも、買った後に株価が下落したため、私は「驚いた」。昨年から今まで、私はこんなに多額の資金を損したことがないので、「怒り」の感情が湧き出し、ナンピン買いすることにした。先ほど失った資金を補おうと、株価が上昇するのを待った。困ったことに、大口投資家たちはさらにこの株をどんどん売った。そして個人投資家はその流れに従っていて、私はさらにより多くの資金を失った。もともとの計画が失敗し、私の気持ちは「怒り」から「恐怖」に変わり、すべてのお金が回収できないことに対して「心配」し始めた。

あなたも梁《リョウ》氏のように投資感情の原因を把握することができていますか。

梁《リョウ》氏はその週末の午後、自分の記憶が残っているうちに、そのときの感情を考え、どのように取引に繋がっているのかを分析しました。このように分析することで、次回投資するときに、このような感情が湧き出して、再び自分の意思決定に影響を与えないように注意することができます。

希望―利益への渇望。

慎重―失敗したくない気持ちの表れ。

失望―失敗から生まれた感情。安値で買うことができなかった。

不安―利益が欲しいという気持ちがあるが、予想通りに利益を得られるかどうかがわからなかった。

羨望―同僚の程《チェン》氏の話が再び利益への欲求を呼び起こした。

焦り―他者と比べてしまい、チャンスを失うことを心配すればするほど、設定した目標を達成できなくなると感じた。

ストレス―他者と比べてしまい、チャンスを失うことを心配すればするほど、設定した目標を達成できなくなると感じた。

冒険──投資の目的物の研究が十分ではないのに、焦って投資してしまった。

貪欲──利益に対する欲求が、より高いリスクの投資につながった。

驚き──現実と理想の差が大きすぎたことから生じた。

怒り──利益を得る希望が失われ、自分の結果に満足しないことが原因で生じた。

恐怖──どこまで下落するのかとどれ程の損失が生まれてしまうのかという未知への気持ちから生まれた。

心配──どこまで下落するのかとどれ程の損失が生まれてしまうのかという未知への気持ちから生まれた。

一般的な投資家の感情は梁《リョウ》氏のように、上がったり下がったり、起伏します。そして私たちの投資決定に対する考えにも変化が生まれ、元々決めたルールと調整された投資計画を失い、投資の失敗を招いてしまうのです。

そこで私は、取引に至るきっかけと、どの感情や考えが取引に繋がったかを記録する取引日誌を書くことをおすすめします。取引日誌を書くことは落ち着いた投資家になるための訓練をすることであり、自分が耐えられる心理的ストレスと限界を知ることができます。そして、そのときの感覚がどの感情から来て、決定にどんな影響を与えているのかを知ることができます。そうすることで、自分の感情をコントロールして意思決定を修正することができるようになるのです。

取引をするときの気持ちを正確に書くと、非理性的な投資感情にも対応でき、感情に支配されない方法を見つけられて、どの感情が私たちの行う取引に影響を与えていくのかを知ることができます。そして、どの感情が私たちの取引に悪影響をもたらすのか、そしてどうやってそれを逆に利用するのかを知ることが成功の秘訣です。日誌は私たちが自分の業績を分析し、改善すべき点を明らかにするのに役立ちます。

取引日誌を書き始めてみましょう。

感情がどのように投資の決定に影響を及ぼすかを日誌から分析していきます。次のように、自分なりにカスタマイズして、自分の失敗した経験の反省を記録したノートをまとめて「失敗経験反省録」を作成します。これは同じ過ちを繰り返さないために役立ちます。

日付／時間	状況	感情	行為（どんな決定を下したか。）	決定とその後の結果	マイナスの影響	プラスの影響
何月何日 9：00	始値が高かった	興奮と心配	価格が上昇する前の安値だと判断して急いで買った	一時間後に前日の最安値まで戻った	元より高い価格で買ってしまった	次回は価格が戻ったときに買う

怒り

投資はゲームではなく、理性と感情の安定を必要とする仕事です。投資に成功した人の多くは、頭の中がスッキリしていて、市場の変動に理性的に対応できる人たちです。自分が怒りの状態であることに気付いたときは、取引をしない選択を選ぶことが良策です。怒りの感情による衝動的な決定は、成功ではなく失敗をもたらすでしょう。

しかし、一時的に怒りを抑えただけでは、問題は解決していません。常に感情の影響を受けずに取引できるよう、怒りを消す方法を知る必要があります。

怒りの感情はどのようにして生まれるのでしょうか。心理学では、結果への恐怖や失望、悲しみが怒りの感情に変化すると考えられています。私たちが怒っているとき、何が私たちを怒りの感情へと変化させたのかを分析することで、今後この要因が再び感情的な怒りに変わる前に対処することができます。

怒りを観察する

投資家が何に怒っているかを分析するといくつかのパターンが見えてきます。例えば、取引の利益と期待とのギャップが大きすぎた、パフォーマンスに不満があった、投資による多額の損失を出してしまったなどは一般的です。特にこうした挫折から生まれた怒りは、未熟な投資行動に繋がりがちです。

未熟な投資行動をより具体的にいうと、思慮深さが低下し、適当かつ急いで投資決定をしてしまうことです。また、リスク許容度のタガが外れて巨額の資金を投じて、短期間で収益を取り戻そうとすることも未熟な投資行動といえるでしょう。一部の投資家は、取引の失敗の怒りを自分以外の人や物に八つ当たりしてしまいます。また、一部の人は、怒りが絶望を生み出し取引をやめてしまう人もいます。一方、時には怒りが嫉妬に繋がることもあります。

このように、怒りの種類は実に様々であり、投資家がそれらを深く理解することができれば、そこから深掘りして、衝動的な意思決定を妨げるポイントを見つけることができます。

決定に影響を与える感情をコントロールする方法

生物学的進化の観点から、怒りを肯定的に説明すると、人間の自己防衛機能の一部となります。

つまり、怒りという感情自体が悪なのではなく、対処法を知らないといけない感情であるということです。

具体的には、投資家は外に出てリラックスするなどして、市場に関するニュースに触れないようにし、落ち着いて自分自身を調整するための時間を作る必要があります。失敗した投資経験を、より理性的な投資仲間たちと共有し、感情を落ち着かせる方法もよいでしょう。投資に苦労しているのは自分だけではなく、感情の浮き沈みがあるのも自分だけではないことを知っておくと、孤独感を和らげることができます。また損失を取り戻すために、財務管理の経験を持つ人に相談したり、様々な専門家の解決策に耳を傾けたりして、やるべきことをリスト化する方法もおすすめです。

恐怖

恐怖という感情も、投資判断に様々な影響を与えます。しかし保守的な投資家に対しては、特別悪さはしないというのが私の考えです。恐怖は、将来の予想できない様々な出来事への備えを促すことに繋がります。しかし、リスクを好む傾向がある一部の投資家にとっては、恐怖心がその考えを邪魔してしまい、もっと得られるはずの利益を時期尚早に得て終わらせようとしてしまうこともあります。

「損をするより少なく稼いだ方がいい。」という格言があります。これは恐怖の感情がもたらすメリットを説明していると解釈できます。取引市場では、ギャンブラーのように自分の財産を賭ける人々が常にいますが、少なからず恐怖心がある人はギャンブラーになる可能性が低くなり、少ない利益でも満足できるようになります。

恐怖を観察する

投資における恐怖心の一つは、何も失いたくないという気持ちから現れます。我々はお金を失いたくないので、株式市場が下落すると、損失を確定させるかどうか迷い、決断を下すのに時間がかかってしまいます。

二〇二〇年初頭、株式市場に参入した多くの新規投資家は、市場の変化をよく理解していないためか、台湾加権指数が数万ポイント上昇したという情報だけを頼りに、利益が出せるかもしれないと予測を立て、市場に資金を投入しました。しかし、三月の株式市場の急激な変動が訪れたため、その後は、市場が少し変化しただけでも、夜は不眠と緊張に怯え、中には寝る際に睡眠薬を必要とする者まで現れました。

「利益の機会を逃したくない」「良い投資の機会を逃したくない」という思いからも恐怖の感情は生まれます。心配する気持ちは、恐怖の感情を持つ反面、貪欲であることも意味します。貪欲な気持ちは、安値で値上がりのチャンスを掴み、一刻も早く投資したいという考えを生みます。どんなチャンスも逃したくないという考えから、投資リスクにも陥りやすくなってしまいます。

また、未来に対する無知から来る恐怖もあります。例えば、株式市場がいつ下落するかわからないことや、将来の中米貿易関係が株式市場のボラティリティに影響を与えるかどうかがわからないような状況です。もう一つ、投資に対する無知から生まれる恐怖もあります。「投資は稼ぎやすい」と思い込んで無謀に市場に参入してしまう投資家がいます。しかしその後、投資に対する知識不足がやがて恐怖の感情を生むのです。

恐怖をコントロールする方法

恐怖は必ずしも悪い感情ではありません。捉え方によっては、慎重な取引を意識するきっかけともいえます。

それでも依然として恐怖から解放されたいなら、心配している事柄を書き留めてから、原因を一つずつ分析し、これらの問題を解決する方法を考え、最終的に実行して検証することをおすすめします。

恐怖とうまく付き合うために投資家は自分のリスク許容度を見極める必要があります。投資とは、できるだけ多くのお金を稼ぐゲームではありません。投資家は金融知識を深め、様々な立場からの提案や意見に耳を傾け、それらを比較検討し、自分に合った投資方法を見つける必要があります。それが稼ぎを小さくしてでも、損失する可能性を減らす方法であれば、そうすべきなのです。

失望

以前、台湾人投資家の失望に関する調査をした投資信託会社がありました。二〇一四年から二〇一九年にかけて、全体の六割の投資家が投資目標を達成できなかったことがわかりました。またこの調査では、アジアおよび世界的に見た平均よりも高く、台湾人の投資感情が比較的消極的であったことを示しています。これについては、当時の政治状況、経済状況に関連していたことも見えてきました。

次に、投資家に失望の理由を説明するよう求めたところ、ほとんどの理由は「投資商品が期待通りの結果にならなかった」、「収益率の理想と現実にギャップがあった」、及び「十分な時間を投資に割けなかった」の三つでした。

失望は、環境や状況の変化に伴い、徐々に心配や恐怖に発展する可能性がある感情です。逆に、状況が好転して利益が増えれば、幸福と喜びに変化します。失望はネガティブな面もありますが、行動次第では、状況を良くすることが可能になります。

（1）環境や状況に応じて適切かつ合理的な考えを基に目標を調整していく。
（2）一度設定した目標値に到達するまでは、待ち続ける。長い時間を経て利益を得る。

失望を観察する

失望した投資家は、より良いリターンを期待しており、彼らの推測が市場を上回ると信じています。しかし、設定した目標や損益の予想が現実的ではなく、投資する商品に対する研究も不足していると、その結果に失望してしまうことになります。失望は、投資家に必要な勉強や正確な判断をする意欲を削ぎ、市場の変化についていくことを躊躇させて収益機会を逃してしまうことに繋がります。

失望という感情の裏には、期待したゴールとのギャップがあります。この期待が貪欲から来ているかどうかを投資家は注意深く観察してください。貪欲から来ている一部の投資家は、「もっと多くの利益が出せたはずだ」「早期に取引を終了して利益を確定しておけばよかった」「より多くの利益を獲得するためにもっとリスクを取るべきだった」と考えがちです。失望の感情の原因が、より高い利益への欲求だとすると、次の内容について考える必要があります。

（1）自分自身の給与水準を超えるリスクを取る能力があるかどうか。

（2）より大きなリスクを取った場合の結果を受け入れることができるかどうか。

失望をコントロールする方法

投資家は、投資対象を十分に検討し、負担できるリスクに応じて、資金力に見合った投資行動を選択することをおすすめします。勉強をこまめに行い、経済情報を把握して知識を豊かにし、環境の変化によって投資が利益に変化するかどうかを事前に理解することで、期待値を調整していきます。その中で投資対象に高すぎる利益の期待を設定したり、負担できる以上のリスクを冒したりしないでください。

さらに、考えを変えることで失望の感情を減らすことができます。例えば、より深い失望に陥らないように、別の視点から考え、前向きな考え方を持ってみてください。バフェットのような経験豊富な投資家でさえ、間違いは避けられないことを認めています。失望の経験から学ぶことを忘れないでください。失望は必ずしも悪いことではありません。あなたの次の投資判断をより慎重なものへと変え、成功に繋がる可能性もあるのです。

興奮

興奮は、利益への期待、または利益を得た後の気持ちから生まれます。興奮は、必ずしも強気相場の環境によって引き起こされる感情から来るわけではありません。多くの場合、興奮の感情が生まれるかどうかは、それぞれの投資家が投資市場の直面している出来事に対してどのように捉えているかによって異なります。ここでお伝えしたことは、例えば、バリュー投資家にとっては、弱気市場は興奮を呼び起こしやすい状況だともいえます。これらの投資家たちの解釈では、目の前の市場には多くの投資チャンスがあり、株価は大幅に割引されており、どこでも良い商品と巡り合うことができると考えます。しかし、弱気市場が形成される理由は、株を買う人よりも株を売りたいと考えている人が多いことが挙げられます。これは、同じ市場において、投資チャンスがより多いと見ている人もいれば、通常よりもお金を失う機会が多いと捉えている人もいるということです。

興奮した感情は、どのような決定を下したとしても、勝てるという幻想を抱かせ、また破壊的で誤った大きな決断に繋がりやすい感情です。

興奮を観察する

興奮して機嫌が良いときは、取引の背後にあるリスクを見落としがちです。つまり、いつもなら慎重に評価して考えられる人であっても、興奮していると大きな期待が実現する可能性が高いと信じて、急いで決定を下してしまうかもしれません。また、興奮という感情は、曖昧な情報を真実と捉え、取引させてしまうという特徴も有しています。そしてそれはリスクを回避するという観点からは危ういことといえるでしょう。

一般的に、興奮した状態では、取引量と取引頻度が増えてしまう傾向があります。

取引量と取引頻度が増加するということは、すなわち、予定通りに利益が積み増せない場合、元々予定していた対象以外にも手を出してしまうことにも繋がります。何をしても利益が出ると考えるようになり、事前に決めておいたリスクの基準も緩和していってしまいます。

利益に対する貪欲な考えの裏には、ある種の興奮があります。それは、投資対象の理解や根拠のない市場への衝動的な投資をしてしまうことにもつながります。運が良ければ利益を出すことができるかもしれませんが、運が悪ければ損をして、後悔する羽目になるでしょう。さらに、躁うつ病の一部の患者は、躁状態が現れたときに、より衝動的な取引行動をとることがあります。このとき、感情は興奮した状態になる、アイデアが飛び交う、盲目的な投資をしてしまう、自信過剰になるなどの特徴が見られます。

興奮をコントロールする方法

興奮の影響を避けるためには、投資家は自分の取引目標を常に覚えておく必要があります。興奮状態だと、自分の市場解釈が絶対的に正しいと勘違いし、より大きなリスクを選択してしまう危険性が高まります。取引目標と比べて、その取引は本当に自分にとって必要なのかを考え直してみることが重要です。

後悔

変動の多い取引市場において、変化を正確に予測できる投資家はいません。つまり、投資家がどんなに綿密に計画を立てていても、その計画が崩れ去ることに対する心の準備が必要になるのです。どんなにリスクを想定したとしても、突然予想外の事件が起きて失敗するかもしれません。

投資家の中には、事前に慎重な計画を立てる人もいれば、投資計画を持たず、市場の動向を自分の想像力に頼り、高額の取引をする人もいます。また、辛抱強く待つことができず早く売りすぎたために、得られたはずの利益を手にすることができず後悔の感情を抱く人もいます。他にも、人気銘柄を買わなかったために利益を上げる機会を逃したことを後悔している人もいます。

コロナ禍においてアメリカの投資家が後悔していることを見てみましょう。22％の投資家は、分散投資をしなかったことを後悔しています。また、19％の投資家は、コロナ禍の前にハイリスクのポートフォリオを作成したことを後悔しています。そして13％の投資家は、コロナ禍前に全資産を株式市場に投入したことを後悔しています。

後悔という感情は一般の投資家だけが抱くものではありません。日本のトップ企業のＣＥＯかつ凄腕投資家でもある、とある人物は、二十年前にAmazonの株を購入するという決心をしなかったことを後悔しています。当時、彼はAmazonの30％の株を一億三千万ドルで購入することを検討していました。しかし、その年には購入をするまでには至りませんでした。その後Amazonは二〇二〇年に史上最高値を記録しました。二十年経った今でも、その日本人起業家は二十年前に学んだことを覚えているのです。そんな彼は、次に向けて準備を進めているため、今後二度と同じ過ちを犯すことはないでしょう。

ある中国人実業家も後悔の気持ちが残る取引をしました。彼は、当時巨大なＩＴ企業を買収し、今後十年間の発展について期待していました。しかし、二〇二〇年に訪れた不況により、この会社は経営がうまくいかず、最終的には上場を廃止してしまいました。ある記者が彼の元へ行き、株式投資を決断したことを後悔しているかどうか尋ねました。すると彼は次のように答えました。「ビジネスをするには、儲けるときもあれば失敗するときもある。あらゆる物事にはリスクがつきものである。現実はリスクをとってこそ、リターンを得られることができる。もしリスクを取ることができないのであれば、できることは一つ、銀行にお金を入れることだけだ。」実際、人は未来を予測することはできず、出来事に遭遇した場合にのみ対応して修正することができます。冷静に困難に立ち向かい、結果に向き合うことが、私たちが持つべき生き方です。

これら二人の起業家は、投資取引で後悔の感情を抱いた経験をしていますが、そこから教訓を得て冷静に向き合っており、取り返しのつかない投資ミスに対処する方法をそこから学ぶことができると考えています。

後悔を観察する

過去の行動を見直して、その行動はしない方が良かったと思ったとき、過去の取引で選んだ選択がもし違うものであれば現状よりさらに利益を出すことができていたと感じたとき、成功体験で得た自信がもたらす不注意によって損失が出たとき、このような状況を経験したときに後悔が生まれます。つまり、後悔は実際に自分が取った行動と、自分がしなかった別の行動を比較することによって生まれるのです。また、後悔は、負けたことを受け入れたくないという気持ちの表れでもあります。

後悔の裏には、心配する気持ちが隠れていることがあります。取引で大きな損失を出した場合、自信を失い、次の取引を開始することに躊躇いが生じることがあるでしょう。これが、後悔の裏に隠れている心配の感情です。また、後悔を抱くことを恐れ、もはや保有する価値のない株すらも所有してしまうこともあります。

後悔をコントロールする方法

第一に、後悔する投資家は責任感のある人です。そのため後悔をコントロールしたいなら、自分が完璧ではないという事実を受け入れる必要があります。できるだけ早く心を整理し、後悔という感情にふけるのではなく、「どうするべきか」を考えるよう頭を切り替える必要があります。前に紹介した二名の前向きな経営者のように、自分の結果に責任を持ち、後悔を人生の糧にしながら自分自身を成長させましょう。

冷静なときにルールを設定し、それを守ることで後悔しない選択を取り続けることができるでしょう。具体的には、どこまで下落したら売るのか、どこまで利益が出たら売るのかという独自のルールを設定します。ルールを設定することで感情が投資に干渉することを防ぐことができ、最終的に過度の損失に発展する可能性を下げることができます。そして、後悔とその理由を分析・記録した上で、行動変容の教材として活用しましょう。

驚き

驚きはありえないと思っていることが起こったときに生じます。取引市場の観点からすると、通常とは異なる急激な市場の変化により驚きの感情が生じます。株価が急に上がりすぎれば、ショートをしている人は驚き、急に下がりすぎれば、ロングをする人は驚くでしょう。

二〇二〇年にアメリカが発表した五月の雇用報告によると、非農業部門の雇用者数は前月比二百五十万人増加しました。経済見通しについて楽観的ではなかった多くの投資家は、非農業部門の雇用者数報告の発表後のデータに驚いたと述べています。ダウ工業株平均は703．74ポイント上昇し、S&P 500は62．65ポイント上昇し、ナスダックは95．81ポイント上昇しました。

二〇一七年末、投資信託会社はヨーロッパの投資家を対象に、今後六か月間の経済見通しに関する見解を調査しました。調査の結果、投資家は当時の欧州市場の投資心理について非常に楽観的であり、投資家は、六か月後の二〇一八年六月に不況であった場合、驚くだろうと回答しました。実際、その年の六月のヨーロッパの経済パフォーマンスは、経済研究機関の評価によると、景気回復は力強くなく、一部の国のパフォーマンスは予想ほど良くありませんでした。

将来の経済状況がどのように変化するかは誰にもわかりません。投資家は、最悪の事態に備えて計画を立て、すべての現金を金融市場に投資するよりも、現金を保持する方がよいでしょう。市場は常に変化しており、投資家が驚かざるを得ないニュースは常にあります。投資家ができることは、フレキシブルに受け入れる能力を維持することです。そうすることで、突然やってくる出来事に直面する前に備えることができます。

驚きを観察する

長期投資家の中には、投資後の株価の変動をあまり気にしない人もいます。気にしないがゆえ、投資した対象物の状況すら把握していないこともあります。彼らは普段、企業の財務諸表をあまり読まず、また、トレンドに対する理解を更新することも滅多にしません。そのような投資家の生活の中心は、仕事や家族である可能性があり、投資に注ぐ余裕がないこともあります。また、長期で持っていればいいと短絡的に考えて情報収集をしていない投資家もいます。事実投資に興味がなく、投資の勉強を疎かにしています。

そうした投資家は、特に驚きをコントロールする方法を身に付けておく必要があります。また、なるべくなら今から投資の勉強を始めてください。

苦労して稼いだ資金を目標に向かって注ぎ込んだ以上、熱意と忍耐は必要であり、落ち着いて投資した対象物を理解する必要があります。株価は、一か月間、または今日明日で変化することもあります。投資の世界は何もせず利益を得られる程、甘いものではありません。

驚きをコントロールする方法

投資家は投資することに責任を持ち、熱心に勉強をしていくことをおすすめします。長期投資家であっても、少なくとも一週間おきには市場の変化に注意を向ける必要があります。

一部の専門家は、四半期に一回財務諸表を読むことを推奨しています。個人的には、最新の市場動向の理解を毎週更新していくことをおすすめしています。

二〇二〇年三月下旬、台湾の株式市場は、安値に下落した後、一か月後には比較的高値に上昇し直しました。この一か月の間、株式市場を追いかけていなかった投資家は、市場の代わり映えに驚かされたことでしょう。

驚いた後に訪れるのはパニックであり、それは感情的な意思決定にも繋がりかねません。短期取引を行うプロの投資家の中には、毎日取引する前に、市場の変化に応じてシミュレーションをする人もいます。そうすることで、突然の変化に直面したとしても、感情による衝動的な決定を下すことを避けることができるのです。

さらに、分散投資は、市場の驚くべき変化に遭遇したときにも、資産を保護する上でより十分な役割を果たすことができます。

不安

不安によって引き起こされる否定的な考えや感情は、投資の決定において不正確な判断をもたらしてしまいがちです。とある調査によると、投資家が不安を感じているときは、低リスクで低リターンの投資を選ぶ傾向があり、投資家が落ち込んでいるときは、逆にリスクの高い選択をする傾向があることがわかりました。不安に襲われると、客観的に物事を判断できない状態にもかかわらず決断を下してしまうことを示しています。この調査では、西洋の投資家をもとに調査されたものですが、私たちもこの調査を参考にできるでしょう。

新聞や雑誌、インターネットなどでは「投資や資金計画は万人に必要」という意味のスローガンが飛び交っています。確かに現在は金利も低く、インフレが起こっているため、資金計画が疎かな人の未来は明るくないといえるでしょう。

メディアが低金利やインフレリスクについて発信すると将来はお金がなくなってしまうと

不安になる人を見たことはありませんか。株で老後資金を稼いだりしている人を見て、自分も投資をしなければ、老後資金がなくなってしまうと不安になって急に株を始めた人はいないでしょうか。社会人になって間もない同級生が、家の頭金を払う能力があるとの話を聞いて、投資をしないといけないと不安を感じてはいないでしょうか。投資を行った後に、運悪く不況に見舞われ、投資した元本を回収できないのではないかと不安になってはいないでしょうか。

こうした不安はいつもお金が少ないと感じ、常に教育資金や老後資金に追われ、投資に関する情報が嫌でも耳に入ってくることで生まれます。

不安を観察する

投資で富を築こうとするなら、時間をかけることが近道となります。急いで資産を増やそうとして失敗した事例は山ほどあります。しかし不安という感情は焦りを生み出し、待ちたくないという気持ちに繋がります。待てない投資家はさらに貪欲という罠にもかかってしまうでしょう。その結果、待てない投資家はすぐに結果を出すために頻繁かつ次第にリスクが高い取引に手を出してしまい、やがて投資ではなくギャンブルに変わってしまいます。そして彼らは画面を見るだけの生活に陥り、数字の浮き沈みに夢中になってしまうのです。

自信のない投資家であれば、景気が低迷しているときに多くの人がお金を失うのを見ると、不安な気持ちに陥ってしまいます。それは過度の精神的ストレスにも繋がります。逆に自分に自信を持つことは、内なる不安を克服するのに役立ちます。

比較を好み、競争心が強い人は、不安な気持ちを感じやすい傾向があります。それは経済的な文脈だけでなく、普段の生活のあらゆる側面も同様です。他者と自身を比較してしまうことで不安な感情を抱きやすくなってしまうのです。

経済的な目標、生活する上で必要なことや必要なお金がどれだけかが明確でない場合、不安に陥ってしまう可能性があります。車を既に購入していて、独身であれば、実際はそこまでお金に困ることはありません。しかし他人が車を買うのを見たり、株を購入していたりする姿を見ると、嫉妬心が生まれてしまい、不安の気持ちが生まれてしまいます。

ウォーレン・バフェットは、せっかちな性格の人でも忍耐強い人に変わることができる効果的なメカニズムが株式市場には存在していると述べました。次に紹介する不安をコントロールする方法を身に付けて、忍耐強い投資家になってください。

不安をコントロールする方法

投資家はできるだけ合理的かつ客観的な判断をし続け、自分の性格に合った最適な投資ポートフォリオで運用していく必要があります。つまりそれは、不安という感情をコントロールする能力が向上すれば、リスクを取る割合を増やしても良いでしょうが、逆に不安に弱いなら、リスクの割合を減らす必要があります。不安から不眠になってしまうような投資家は高いリターンを期待せずに、資産をリスクの低い金融商品に分散投資してください。このときのリターンは大体5％前後を目安にすると良いでしょう。

将来何が起きるのかについて、あまりにも多くの想像上の仮定を持っている投資家は、自分の考えに制限をかけないように、周りの人間ともっと会話をする機会を設けた方が良いでしょう。また、投資をしていく上で、不安や焦りの感情に支配されるのを避けるために、その分野の専門家に委託することも一つの方法です。

さらに、長期的な視点を持つことは、投資を成功させるために最も重要な観点です。一度にすべての株式を購入する必要はありません。長期的に見ると、ファンダメンタルズを基に市場は変化していきます。

情報に左右されるのを避けるため、スマホなどの電子機器に夢中にならないことも大切です。さらに辛抱強くなれるように自分を訓練し、注意をそらすために、スポーツ、ガーデニング、絵画、写真などといった興味のある趣味に時間を割くことも、ときには重要になってくるのです。

憂鬱

憂鬱な感情は、投資家の取引をする気力を削いでいきます。「投資において、失敗から立ち直ることよりも、憂鬱な気分から立ち直ることが難しい」という言葉があります。私たちは自分がかなり理性的だと思っていても、客観的に見てみると必ずしもそうであるとは限りません。感情が意思決定にどのように影響するかについてはかなりの研究が行われており、意思決定プロセスにおいて感情が非常に重要な役割を果たすことがわかっています。

「董氏基金會《ドンスージージーフェイ》（台湾のＮＰＯ法人）」は、憂鬱になりやすい環境について、いくつかの共通点があると言及しています。

（1） 時間に追われ、競争的環境の中で働く。

（2） 頻繁に業務内容や場所が変わる業務に従事している。

（3）一緒に働くパートナーがおらず、一人でプレッシャーに耐えなければならない職場環境である。

（4）アイデンティティを確立できない。達成感を味わえない。満足感が得られない。

（5）不規則な就業時間である。

高いプレッシャーにさらされ、それを一人で耐えなければならず短期間で成果を上げなければならない投資家や金融業界に従事する者は、憂鬱になりやすいグループに属しています。また、昼夜を問わず働く必要がある先物業界のトレーダーたちも同様です。大規模な投資の失敗によって引き起こされた突然の経済的な危機が発生してしまうと、長期的な財政的ストレスに発展する可能性があり、憂鬱な感情を引き起こす場合もあります。そしてその後は、アルコール依存症や喫煙、薬物中毒などに苦しむ可能性も出て来ます。

憂鬱を観察する

憂鬱な感情に支配されてしまうと、無気力で投資意欲がなくなり、一日中ベッドに横になって起きる気力すらなくしてしまうでしょう。睡眠状態は、不眠症になるか、もしくは、一日中寝てしまうかの2つの極端な状態になってしまう場合もあります。重度の憂鬱な感情を抱くと、仕事と生活の両方に影響を与えてしまいます。ひどい場合には、投資に失敗して命を絶つという考えに至ることさえあります。

睡眠の質に影響が出ることに加え、食欲の喪失または増加、疲労感に襲われる、胸の苦しさや体の不快感または脱力感などを引き起こす可能性があります。以前はストレスや挫折に対してそれほど悲観的ではなかった人でさえ、憂鬱な感情を抱くことによって体に変化が訪れます。

憂鬱な感情を持つ投資家は、自己肯定感が過度に低く、否定的に考えてしまい、失敗の詳細に注意を払いすぎ、責任を感じすぎています。「董氏基金會《ドンスージージーフェイ》（台湾のNPO法人）」が実施した調査によると、完璧を求めすぎてネガティブな考えを抱くことが多い人は、憂鬱になりやすいことがわかっています。完璧を求めすぎるため、投資の失敗を受け入れるのに苦労するのかもしれません。

投資家が深刻な憂鬱状態に陥ってしまうと、一つの失敗で投資を辞めてしまうことにつながることもあります。それでも投資をし続けると、自分の判断に十分な自信がなくなり、ネガティブに考えすぎてしまい、ネガティブな決定を下すことにもつながります。これらの人々は、自分の人生には価値がないという考えまで抱いてしまう可能性もあります。

憂鬱をコントロールする方法

憂鬱状態に陥ってしまった投資家は、投資行為を続けずに、投資を任せることをおすすめします。不安定な金融市場から一度離れてください。定期的に医師の診察を受け、指示通りに薬を服用してください。そして、生活や仕事の状況を適度に変え、より多くの運動をして自然と触れ合い、ストレスの多い職場から離れてください。

傲慢

投資に対する自信は、過去の正しい判断と投資の結果から得られます。しかし、自信を持っている投資家こそ、今後市場に訪れる未知の状況に注意を払う必要があります。自信が過度に誇張されて膨らむと、そこには傲慢な考えが生まれてきます。また、過去の経験や成果を他人と比較し、自分自身の成果に自信を持ち、他者に対して軽蔑した態度を示します。

傲慢な考えがもたらす欠点は二つあります。一つ目は、過去の成果に焦点を当てすぎることにより、現状の市場に対する知識が疎かになり、将来訪れる変化への準備不足につながること。二つ目は、投資家が自分の知識、リスク、および問題に対する制御能力を過大評価するようになってしまうことです。自分が買う株は、とりわけ他の株よりも優れていると信じて、市場の変化は自分たちでコントロールできるという誤った考えに至ってしまいます。しかし実際には、明らかに状況をコントロールなどできず、すべてを正確に予測して理解できると空想しているだけなのです。

傲慢は、過去の成果と未来をコントロールできるという信念に基づいて作られる状態です。しかし、傲慢な考えを持ったまま、予期できない市場の急激な変化に直面すると、取引の損失について話すことを恥ずかしく思ったり、取引時に犯した過ちを振り返ることを避けたりしてしまうこともあります。

傲慢を観察する

傲慢は、取引量・取引頻度の増加、およびギャンブル的な投資行動につながってしまいます。実際は、自分の予想にすぎず、失敗の原因を自ら作っているだけです。結果として期待通りの利益を上げることができなかった場合、かなりの心理的ショックを受けてしまいます。その後、落ち込んだ挙句、自分が背負った損失を認めることすらできない人も現れます。

他者と自分を比較することを好み、投資結果を自慢して、負けを認めることができなくなった投資家は損失を認めることを恥じ、間違いを直視できなくなります。また、まれに自身が正しいことを証明するために、当初の取引計画にはなかったその場限りの決定をしてしまうことに繋がります。

傲慢をコントロールする方法

自分の設定した投資ルールを守ってみましょう。当初の投資目標を振り返り、自分が市場を理解しているということを証明したいという考えに惑わされないでください。また、自分の優位性を証明するために他人と比較することも避けてください。自分の経済状況を上回るリスクを取らないでください。こんなことわざがあります。「傲慢な人は、自分の声にしか耳を向けず、失敗する。」

自分の考えを整理するために、次の質問に対して考えてください。売買取引の瞬間に自分の知らない他のことが起こっている可能性があることを理解し、それでも売買の背後にあるリスクを負担したいかどうかを確かめることができます。

1. 購入したいものがあり、それを他の誰かが売り出している場合、その人が知り得ない情報をあなたはどれだけ知っていますか。

2. 私が売り出しているものを、他の誰かが購入する場合、その人が知らない情報を自分が知っている可能性はどのくらいありますか。

投資家は常に市場の変化に対して敬意と慎重な態度を持って、心を開いて、様々な市場に対するアドバイスと分析を参考にし、傲慢によって引き起こるリスクにさらされないようにする必要があります。

嫉妬

嫉妬は他の人が持っているものを羨ましがることです。私たちは他者の判断力や所有する情報に対しても羨ましいと思うことがあります。その気持ちが学ぶことへの動機付けになることもありますが、逆にネガティブな方向に進み、やがて嫉妬となります。嫉妬は不満を募らせてしまいます。また、より深い比較欲と復讐欲を生み出し、失敗に向かう取引行動に繋がります。

嫉妬を避けるのは簡単ではありません。現代社会では情報は非常に速く伝達され、積極的に調べずとも誰かが短期間で富を得たという話を見つけてしまうでしょう。

我々の世界は不公平です。短期間で富を得た人々に対する嫉妬やそれにより生まれる恨みや苦しみは、通常よりもリスクを冒し、違法な手段で手っ取り早く金持ちになろうという考えに繋がってしまうことがあります。しかし、これは決して良い方法であるとは言えません。

嫉妬を観察する

嫉妬心を持つことで、貪欲になってしまい、急いで利益を出したい、大きな利益を出したいという気持ちが大きくなります。また、利益だけに関心を持ってしまった挙句、競争心すらも高めてしまいます。投資家が自分の投資利益を他人と比較することを好むと、取引のプロセスや理由が気にならなくなってしまい、投資における理性と判断力を失ってしまいます。

嫉妬心を持ってしまうと、元々自分が設定していた投資戦略や目標を変更してしまうことがあります。例えば、利益が急増したという友人の話を聞いて、その友人の投資方法を真似するために自身の投資方法を変えることにした長期投資家がいました。その他にも、強気相場でも頻繁に取引をする同僚が一日に数倍の利益を上げたとの話を聞いて、長期間保有していた有価証券を売却してしまった投資家もいます。

嫉妬心は、投資家が十分な情報に基づいていない状況の中で決定を下し、衝動的な投資を行うように導く可能性があります。嫉妬深い投資家は、自分の投資結果に自信がなく、利回りも他の人に比べて悪くはないかと心配する人もいます。また嫉妬心を持ったことにより、貪欲な考えを抱き、投資をギャンブルとして捉えて運用してしまう人もいます。

嫉妬をコントロールする方法

バフェットのパートナーであるチャーリー・マンガーが残した言葉があります。「あなたよりも早くお金持ちになる人は常にいるでしょう。それは珍しいことではありません。」投資家が他人のことばかり気にしすぎると、自分を失い、感情に支配されます。そして、理性をも失ってしまうと、嫉妬心は投資家に間違った決定をもたらすでしょう。投資家は、時間をかけてじっくりと考え、自分の性格や資金力に最も適した投資方法を見つけ出す必要があります。自分に合った方法を見つけた後は、冷静に投資スタンスを貫きましょう。

また、投資の目標を忘れないために、投資目標を身の回りの目立つ場所に置き、お金が積み重なる波の中で迷子にならないよう頻繁に思い出すことができるようにしてください。投資は、精神的自由と経済的自由に向かって進むためのツールの一つであり、投資のためにお金の奴隷になってはいけません。

第四章

市場の揺れが投資家の心身に及ぼす影響

うつ病

実例

二〇一五年、台湾株は弱気市場に入り、ある日583ポイントの下落を記録しました。それは、当時最大の下落となり、多くの投資家が損失を出してしまったのです。成功した台湾のビジネスマンの一人である劉《リュウ》氏は、元々うつ病の病歴がありました。そんな彼は、自分の投資ビジョンに間違いはないと信じていました。そして彼は、自分が投資した企業の事業を理解するために、彼らの主力商品を購入しました。その後、多くの親戚や知人に購入した商品を配りました。実際に体験して、会社のことを知ってもらうことが一連の流れの目的でした。

二〇一五年、彼は大胆にも数千万の貯金を投資に回し、同じ株に多額の投資をしました。

しかし、当時弱気市場に入ってしまったため彼が所有していた株も数パーセント下落してしまいました。これにより、元々患っていたうつ病が悪化したのです。彼は貯金をすべて失ったことを家族に知らせる勇気もなく、彼の友人から生活費を借りなければならない状況にまで陥ってしまいました。

彼は家から一歩も出なくなり、人と会うことに恐怖を感じるようになってしまいました。その後、家族のアドバイスをもらい、劉《リュウ》氏は精神科に行くことにしました。家族は医師に、劉《リュウ》氏が次のような症状があることを伝えました。家で食事ができない、電気をつけずに一日中部屋に閉じこもる、独り言をよく言う、投資の失敗を責め続ける、一日中ベッドから起き上がることができない、目を閉じても眠ることができない、部屋の外の人と会話することが困難になりドアの下からメモを渡しての会話が家族との唯一のコミュニケーション方法になってしまった、これらの症状を医師に伝えると、医師は彼がうつ病であると診断しました。

経済不況が生み出すもの

経済不況時によく見られる気持ちの一つが憂鬱です。歴史を振り返ると、二〇〇八年のリーマンショックの際に、抗うつ薬を使用するアメリカ人の数が大幅に増加し、精神病院に入院する人の数も増加しました。これらはすべて、家計の悪化とお金の心配からくるストレスの増大によるものです。関連する調査レポートでは、リーマンショックが終わった後も、経済的要因によってメンタルヘルスが悪影響を受けるという現象が続いていたと言及されています。

二〇〇七年から二〇〇九年の世界金融危機の間、うつ病の症例が大幅に増加しました。これはアメリカだけでなく、世界中で起こった現象です。大部分は、賃金労働者を失業に陥れた不況に起因している可能性があります。失業したために、収入が激減したり、安定した収入源をなくしたり、または収入の減少によりローンを支払うことができなくなった人々がいました。これらの感情的に落ち込んでいる人々は、一家の大黒柱であることがほとんどです。経済的な影響を受けた上でも、生活費を支払っていく必要があるため、これらの人々はうつ病になりやすく、自殺する決断をしてしまうことさえあります。

二〇二〇年に、新規で株式市場に参入した人の多くは、各国の中央銀行によって実施された量的金融緩和による金利の引き下げがきっかけで、株式市場に参入してきました。彼らはインフレに負けたくはないという気持ちから、銀行預金を株式市場に投入しはじめました。しかし、年初には株式市場が予想とは反対に弱気市場に突入してしまい、多くの投資家が損失を出しました。そして、株式市場に多額の投資を行ったそんな彼らに残ったのは喪失感だけでした。そのとき、病院の精神科の患者数は増加しており、多くの人は、診療所に入ると、よく食べられない、よく眠れない、落ち着かない、一日中幸せになれないといった症状を訴えていました。受診した理由を聞くと、ほとんどは資産が減少したことによるものでした。

解決方法

調査を続けてさらにわかってきたことがあります。それは、経済的なショックによる打撃を一番受けやすいのは、低学歴の労働者階級の家庭であるということでした。例えば、大学教育を受けていない人は、憂鬱な気分になる可能性が高くなります。その原因は、経済的ショックを受けたときに、選べる選択肢が少なく、仕事を見つける機会がより少なくなるためです。その結果、大学教育を受けていない労働者階級の人々が一度経済不況に直面すると、さらに脆弱な状態になってしまうこともあるのです。

憂鬱な気持ちと失業の間には関係があります。しかし、家族や友人、自分の属するコミュニティからのサポートがあれば、それが物質的または非物質的な助けによるものかどうかにかかわらず、憂鬱な気持ちを軽減するのに役立ちます。逆に、家族や友人、周囲のコミュニティからケアを受けることができない場合、心理的課題をさらに悪化させる可能性があります。

ヨーロッパにおいて行われたとある調査によると、景気後退期の収入の減少は、若い母親にとって、うつ病につながる可能性があることがわかりました。また、このうちのほとんどは、家族を養っているシングルマザーです。シングルマザーの人々は社会的に弱い立場に立たされていることもあります。経済が軌道に乗ったときに家を買うためにお金を借りたとしても、経済が不況に陥ってしまうと、住宅ローンを払えなくなるのではないかという心配を彼女たちはいつも抱えています。

政府が支援してくれると考えていても、必ずしも実現されるとは限りません。不況の間、多くの人々がメンタルヘルスの問題に直面するだけでなく、助けやサポートが受けられる場所が少なくなる可能性すらもあります。ヨーロッパでは失業に伴って健康保険が失われることもあり、心理面でのサポートが必要な人ですら、治療を受けるのに時間がかかり、そもそも受診すらできないことがあります。さらに、経済が悪化すると、メンタルヘルス支援サービスおよびプログラムに対する政府の資金提供が削減されることも珍しいことではありません。

憂鬱な思考や気分に陥っても、援助や治療がなければ、症状は拡大し続ける一方です。そのような状況を続けてしまうと、自分の価値を重視することができず、ずっと同じことに固執して、自分の命を大切にしない行動に発展する可能性があります。

躁うつ病

北京に駐在していた25歳のイギリス出身の経済ジャーナリストであるマークス氏が株式市場への投資を始めたとき、彼は自分自身がまるで別人であるかのような感覚に陥りました。初心者の投資家として株式市場に参入する前は、彼は自分の仕事に非常に大きな情熱を注いでおり、余暇にはバックパッカーとして旅行することを愛していました。そんな彼は、黄山（中国・安徽省にある景勝地）、洞庭湖（中華人民共和国湖南省北東部にある淡水湖）、ウイグル自治区、さらにはベトナム、カンボジア、インドネシアなどの近隣諸国を旅してきました。マークス氏は人との付き合い方が上手であり、彼のおおらかな人柄を好く同僚は多く、一緒に仕事をする良きパートナーだとみんなから慕われていました。

二〇一五年は、マークス氏にとって大きな変革の年でした。当時、中国の株式市場はジェットコースターのように激しい浮き沈みを繰り返していました。投資家たちが利益を得て幸福に浸っていた矢先に、損失を出して悲観に暮れる日が彼らを待ち受けていました。マークスもその一人でした。彼は中国の株式市場についてほとんど知りませんでしたが、そこから利益を得たいと考えていたため、資金は少しではあったものの、貯蓄のほぼすべてを株式市場に投入しました。取引を始めてからの彼は、怒りやすくなり、徐々に心身の疲労の限界を感じるようになりました。強気相場が弱気相場に変わると、彼は自分を制御できなくなり、怒りの感情をあらわにし、理由もなく突然叫び出してしまうこともありました。弱気相場が数か月続き、景気が後退に陥ると、株価が下落すること自体珍しいものではなくなってきました。このときマークス氏は、「指標が突然緑色に変わり、株が下がると、恐怖の感情が湧いてくる」と述べました。

投資で得た損失を補うために、マークス氏は友人からお金を借りてしまいました。お金を集めた彼は興奮状態になり、再度失った財産を取り戻そうと、投資を実行しましたが、市場に関する調査が十分ではなく、彼は再び借りたお金を含むすべてを失いました。「株式市場が下落したとき、私は非常に苛立ち、そして後悔を感じた。そして、些細なことでも怒ってしまうような状態にまでなっていた。」強気相場を見て少し儲けたいという考えも虚しく、株式市場は暴落を続け、彼は悲惨な損失を被ってしまったのです。結果として彼は貯金をほぼ失い、約八万元もの資金を失ってしまいました。

行き交う様々な感情

マークス氏の衝動的な投資とその後の後悔は、躁うつ病に関連している可能性があります。躁うつ病に関する症状の一つに、過剰な興奮、怒りっぽくなる、怒った後に落ち込んでしまうといった、様々な感情が行き交うというものがあります。また、行動面にも次のような変化が現れます。家族や友人が気付くくらいにおしゃべりになる、集中力がなくなる、以前と比べて睡眠時間が短くなる思考がまとまらなくなる、活動力が異常に活発になったと感じる、などです。

長期にわたる緊張などの精神状態は、脳の機能低下に繋がり、感情の浮き沈みを繰り返す精神的な問題を引き起こします。他にも、劣等感や不安、憂鬱といった感情を抱いたり、心を閉ざしてしまったり、疲労感を覚えやすくなったりします。躁うつ病患者の治療に対して病院は、心理カウンセリングと薬物療法を推奨しています。カウンセリングは、躁うつ病の原因を理解することから始まります。その原因がわかれば、適切な治療方法がわかります。そこで大事なのは、病気の再発を避けるための適切な方法として、躁うつ病患者の精神を改善するだけでなく、彼らを支える人間関係の構築をサポートすることや、正常な生活に戻るための手助けも必要だということです。

指数が原因で精神病になるのか

台湾国内で「株価は精神疾患を引き起こすことに繋がるか」というテーマで、実施された研究があります。これは林忠樑《リンチュウリョウ》教授、陳欽賢《チェンチンシェン》教授、劉彩卿《リュウサイチン》教授らが共同で実施した研究です。一九九八年から二〇〇九年までの株式市場のデータを基に分析が行われました。この研究の主な目的は、株価の変動と精神的な病により入院を必要とする人の数の関係を調査することでした。この研究の結論は、株価の変動と精神的な病により入院を必要とする人の数には、明確な関係があるということでした。

この研究では、台湾証券取引所の加権指数が一日に1％下落すると、精神疾患による入院が0．36％増加し、台湾証券取引所が1，000ポイント下落すると、精神疾患患者の毎日の入院率が4．71％増加することがわかりました。指数が五日間連続して低下した場合、五日目の入院率は1．6％増加します。

しかし実際には、指数が入院数の増加を引き起こす直接的な要因ではないことを研究者は明確に述べています。これは、指数の低下の背後にある派生した経済的要因が生活の質に影響を与えているということを意味します。例えば、資産の減少や解雇、給与収入の減少などが背後に隠れた経済的要因だといえます。

精神病患者はハイリスクの投資には適さない

経済不況時に、躁うつ病患者は、外部環境の影響により生じた悲しみを紛らわすために飲酒したり、過食によって落ち込んだ感情を発散させたりすることがあります。実際、悲しみを紛らわすために暴食したり飲酒したりすることは、躁うつ病患者の人々だけではありません。調査報告によると、経済不況時には喫煙、薬物乱用、その他の不健康な習慣的行動への依存が増加していることがわかりました。

躁状態になり鬱状態になることで、過食、飲酒、薬物乱用、喫煙などの有害な行動をする割合が増加します。躁うつ病患者が物質への乱用行動を起こすと、時間が経った後に後悔の感情が芽生えてきます。また、自分をコントロールできなかったことや自身の身体を傷付けてしまったことにも後悔します。最終的に、これらの自責の念が、躁うつの増加に繋がってしまうのです。

マークス氏のように、躁うつ病患者は、経済状況の悪化と株式市場のボラティリティにより感情の浮き沈みを経験します。ひどいときには、仕事や対人関係にも影響を及ぼします。躁うつの症状があることがわかっている場合は、不安定でリスクの高い投資への露出を減らすことが必要です。

自殺

かつて、中国で有名投資家として知られた投資家の話です。彼は、先物取引に関する有名な本の著者でもあり、伝説的な投資家でした。また、以前はヘッジファンドのファンドマネージャーでもあり、また北京の投資ファンドの設立者でもありました。彼は、36歳で先物取引に失敗した後、ビルから飛び降り自殺する道を選んでしまいます。

彼は元々、北京の株式市場や先物市場では存在が知られていた訳ではありませんでした。彼の才能と勤勉さにより、彼は徐々に市場で尊敬される存在となり、二十年間の歳月をかけ彼は名を得たのです。この二十年間、彼は株式市場と先物取引の経験を継続的に蓄積してきました。長年の経験をもとに、驚異的なパフォーマンスを発揮する独自のやり方を確立し、一年間で二十倍の成果を上げることに成功しました。

二〇一五年、中国の上海と深圳の株式市場が暴落し、多くの投資家がすべての資金を失いました。中国メディアの公式声明によると、中国の株式市場の暴落は、二つの主要な民間グループによる人為的な要因によって引き起こされたとしています。当局はその後、容疑者を逮捕し、この一件で得た利益を没収しました。そんな状況の中、伝説的な投資家であった彼も、二十年間にわたって蓄積してきた資産は崩壊し、最終的に破産してしまいました。その後彼は、取引から撤退することを決めました。

彼が死ぬ前に残した言葉の中には、その年の株式市場の暴落についての彼の反省の言葉もありました。二〇一五年の株式市場の暴落は、彼が以前に蓄積してきた成功する投資戦略の多くをひっくり返したと述べていたのです。過去の成功はもはや通用せず、彼は投資問題の核心に自分自身の人間的な弱さがあることをぼんやりと感じていました。そして残念なことに、彼がビルから落ちて自殺したという出来事にまで発展してしまったのです。

経済の混乱と自殺率

自殺率は、経済が混乱しているときや不安定な時期に増加します。過去の研究では、二〇〇七年にヨーロッパと北アメリカで起こった経済危機により、約一万人以上の人が自殺したとされています。また、この研究では、自殺件数の増加は失業率と密接に関連していると述べられています。経済の不安定により失業者が増加し、その後、債務の返済ができない等の理由により、自殺率が上昇するという関係性が浮かび上がってきたのです。

また、他の研究では、人々が経済に対して不安定と感じることと自殺の間にも強い相関関係があることが言及されています。経済の見通しに対する見方が消極的である人ほど、自殺の可能性が高くなるのです。

メディアの拡散力

メディアの報道の仕方と自殺率には密接な関係があります。株式市場のボラティリティ、マイナスの経済成長、高い失業率、物価上昇、インフレ、企業倒産などの悪いニュースがメディアで報道され続けると、国民の経済に対する否定的な認識が強まり、国民の経済やメンタルヘルスに影響を与える可能性があります。

これらの暗いニュースは社会全体の楽観的な感情を減らし、最終的に自殺率を高めてしまうのです。メディアが、失業率の上昇や株価の下落について、正常な市場調整メカニズムであるということを客観的に説明できれば、自殺者数を減らすことができるでしょう。統計によると、消費者信頼感指数が10％上昇すると、自殺率は1％低下します。個人の資金計画について楽観的な見方をし、一般的な経済について前向きな見方をしている人が多ければ多いほど、実際に自殺の可能性が減っていくことを示しています。

社会保障の役割

ある研究では、社会保障の機能により、景気後退の悪影響を緩和し、自殺者数を減らすことができると言及しています。ただし、失業や債務危機を支援するといった社会保障の制度設計をする際に、経済的に影響を受ける人々について深く理解しておく必要があります。

株式市場が不安定なときや不況時には、政府が失業手当や医療費、債務減免などの社会保障制度を充実させることにより、国民の経済的なストレスを緩和することができます。そして、失業者が仕事に復帰するための対策をしたり、精神科医療サービスを見直したりすることで、社会の恵まれない人々をも援助することができます。似たような内容を調査した研究では、一九七〇年から二〇〇七年にかけてのヨーロッパの不況の間、政府が労働市場プログラムに一人あたり平均百ドル支援したことは、失業や自殺が０．４％減少していることと相関性があるとある学者が推定しました。

百年程前の大恐慌時にアメリカが提唱した「ニューディール政策」は国民の不安をやわらげました。今回の二〇二〇年の株式市場の暴落では、多くの国がすぐに失業者への給付を開始し、アメリカでは全世帯が受け取ることができる手当がありました。各国の政府も同じように無制限の緩和政策を利用して株式市場を救ったり、消費者経済を刺激したり、国民に救援金を配布したりしました。各国の政策により、国民の不安感は緩和され、自殺率の抑制にも役立ちました。つまり、大恐慌の間に政府が提供した保障や政策が多ければ多いほど、自殺を引き起こす要因を減少できるということです。逆に、政府が保障や政策の水準を下げると、自殺率は上昇します。

さらに研究では、私たちが経済の停滞や株式市場の変動に直面したとき、自分自身の精神的健康のために、メディアによって過度に誇張された内容により影響を受けやすい人はメディアを避けるよう推奨しています。より頻繁に散歩に出かけたり、必要に応じて親しい友人と話したり、専門の医師に助けを求めたりすることで、困難な時期を乗り切ることができます。

不眠症

A氏は大学時代、ちょうど株式市場が強気相場に突入する前に、株式市場に参入しました。A氏は投資サークルに参加しており、そこで学んだ知識を頼りに、先輩と共に株を購入しました。その後すぐに利益が出始め、百万台湾ドルもの資金を手に入れました。当時、投資に不慣れだったA氏は、その恩恵を初めて味わった後、さらに多くのお金を稼ぎたいと思うようになりました。そこで資金を借り入れ、レバレッジを増やした上で、再度株式を購入しました。

一九九九年、A氏はIT関連株を大量に購入しましたが、予想とは裏腹に、二〇〇〇年にITバブルが崩壊してしまいました。損失を食い止めるすべもわからず、損失は増える一方で、投資で得たすべての利益と、アルバイトで貯めて投資に回したすべての資金を失いました。自身で調達した資金だけではなく、親戚や友人からも資金を借りていたため、彼の親戚や友人にも説明が付かない状況となってしまいました。そして彼らとの人間関係も崩壊し、多額の借金を抱えてしまうこととなりました。

幸いなことに、卒業後には、非常に安定した収入のある仕事に就くことができました。その給与収入で、三百五十万台湾ドルもの負債をゆっくりと返済していきました。二〇〇三年、株式市場は再び上昇し始め、彼は再び多くの利益を上げることに成功しました。そして、ついにすべての借金を完済しました。しかし、二〇〇四年の大統領選挙の「陳水扁《チンヌイビェン》総統銃撃事件（陳水扁《チンヌイビェン》と副総統候補の呂秀蓮《リューショウリエン》が台南で民衆の応援に応えながらパレードしている最中に銃撃を受けて負傷するという暗殺未遂事件）」により、再び奈落の底に陥り、今度は借金が五百万台湾ドルにまで膨れ上がってしまいました。

二回目の大損失を経験し、A氏は心身ともに疲弊してしまっていました。負債があるということが常に頭の中を巡り、心理的なプレッシャーも大きくなり、気分も非常に悪い状態でしたが、これ以上失いたくない、一日も早く借金を返済したいという気持ちを持って、日々の生活を送っていました。毎日の食事はパンと牛乳のみで、毎晩不眠症に苦しみ、やがて髪の毛も抜け始めました。

なぜ不眠症になってしまったのか

二〇二〇年三月の株式市場の混乱の間、私の周りには夜眠れず落ち着きがなく、落ち込んでいる友人たちがいました。彼らが不眠症に陥るパターンはいくつかありました。一つ目は、アメリカの先物や株式市場の動向を確認するために一晩中起き続けなければならない人たちです。二つ目は、「もしそのとき売っていたら」や「もっと早く知っていたら」と、その日の取引を後悔しはじめ、明らかに疲れているがベッドに横になっても眠ることができないという、株式市場による睡眠障害を抱えている人たちです。三つ目は、就寝後、夜中に目が覚め、欧米の株価指数やアメリカの株式ニュースを見てから、朝まで勉強したりしてしまう人たちです。四つ目は、就寝後、夜中に目が覚め、明日はどの株を売買するか考え始め、眠気がなくなってしまう人たちです。

前日の株式市場のボラティリティが資産に影響を与えるのではないかと心配してしまう人は、朝早くに目が覚め、気分の晴れない状態で一日の始まりを過ごします。このように、睡眠の質が悪いと、一日中疲れている、またはエネルギーが不足している、集中できない、何も考えることができないといった状態になってしまいます。

経済不況と不眠

二〇〇九年に台湾睡眠医学協会が実施した調査によると、当時の台湾では約五百万人が不眠症に苦しんでおり、二〇〇六年は人口の約二千三百万のうち約12%、二〇〇九年は22%を占めていました。そして世界経済の不況により、台湾国民の台湾経済への不安が高まり、三年間で10%近く不眠症患者が増加しました。慢性的な不眠症に苦しむ台湾人の数は、三年間でほぼ二倍になりました。調査報告書によると、不眠症の増加は失業による影響が大きく、台湾は二〇〇八年に景気後退に陥ったため、安定した職に就くことができない人が増えました。当時、多くの企業が従業員を解雇せざるを得ない状況に直面していました。また、従業員に無給休暇を取るよう求める企業もありました。

フィンランドで実施された研究によると、経済が不安定になると、労働者階級の人々には、睡眠の質も影響を受けてしまうことがわかっています。ホワイトカラーの人々への影響はより小さいものであることもわかっています。経済が不安定になると、労働者階級の人々は仕事が保証されず、収入も不安定になります。アメリカでの研究によると、不景気による睡眠の質の低下は、定期的な住宅ローンや自動車ローンが払えないことへの不安が原因であることが示されました。実際にこのような定期的なローンが払えないことへの不安は、リーマンショック時の不眠率よりもさらに深刻であることがわかっています。

睡眠の質は年々低下している

アメリカのインターネットで調査されたデータによると、二〇一七年にはアメリカ人の

65％が経済的な問題により睡眠の質が低下しており、これは二〇〇七年の56％よりも高くなっていることがわかりました。不眠症の最も一般的な原因は、医療費や保険料を期限内に支払うことができないことへの心配でした。学生は授業料が払えないのではないかと心配し、新入社員は学生ローンが払えないのではないかと心配し、不眠症率が上昇しています。

経済と株式市場が不安定になると、授業料や学生ローンの支払いが困難になる可能性があります。アメリカでは、学生は自分の学業や専門を極めて、将来のための投資をしなければならないことを知っています。教育は、若者が中流階級または上流階級に移行したい場合には必要不可欠なものとなります。しかし残念なことに、アメリカの教育費は高騰し続けているのです。

「コロナ時代」の到来

二〇二〇年、新型コロナウィルス感染拡大や不況による影響で求人が激減したことから、その年の卒業生は「コロナ世代」と呼ばれることになりました。一部の専門家は、二〇二〇年の新卒者の雇用機会が前年の半分になるとの予測を立てました。天下雑誌（台湾で出版されている雑誌）が二〇二〇年に発行した記事の一部に、アメリカの The Atlantic が実施した調査の内容が引用されていました。この調査によると、経済不況時の新卒者の給与は、その時期に起こっている環境の変化の影響を受けることが示されていました。また、イギリスの新聞 The Independent が実施した調査内容についても引用されており、リーマンショックの時期に卒業した人々は、それ以前の平均給与よりも低かったことが言及されていました。仕事が見つからない、見つかっても賃金が低い、そんな経済的に大きなプレッシャーに、新卒者たちはさらされています。またこのような経済的プレッシャーは、不眠症や心身のバランスを崩しやすくなることに繋がります。

前述の新卒者や労働者階級は、まさに就職において不利な立場にあります。経済が不安定な時期には、職場での経験のない卒業したばかりの人々や教育が不十分な労働者が、雇用の上では、最も影響を受けるグループになる可能性があります。

心血管疾患

上海の取引所のフロアで、65歳の投資家であるリン夫人がトレーディングパソコンの前で突然死したというニュースがありました。しばらく経った後に到着した息子は、年老いた母親の突然の死は株式市場の動向に関係している可能性があると言いました。そのとき、株式市場の指数はしばらく下落している状況であり、保有している株を売ろうとしていたリン夫人は、パソコンの操作中に気を失ってしまったのです。株取引は初心者である彼女は、弱気相場の環境にまだ慣れていませんでした。弱気相場が訪れることに恐怖を抱いていた矢先、弱気相場が突如としてやってきました。

二〇〇七年、中国の株式市場は盛り上がりを見せており、数年ぶりの活発な取引シーンが復活していました。多くの人が市場に参入し、毎日史上最高記録の新規口座開設数を更新していました。いくつかのデータによると、新規参入した投資家の中には、自由な時間がたくさんあり、証券取引所に行って株式市場を観察して時間を過ごしたいと考えていた中高年の方々も多くいました。しかし、中高年の初心者投資家には適応が難しく、予測不可能であるのが株式市場です。

翌年、世界金融危機が世界を襲い、多くの人が一瞬にして天国から地獄を味わうこととなりました。誰もがこの絶え間なく続く大変動の環境に適応する準備をしておりませんでした。定年を迎え新規参入した投資家たちは、その年の株取引の過程で、頻繁に気絶する者、突然亡くなった者、事件を起こした者などがいました。世界金融危機の後、このような事件が中国の証券取引所で繰り返し発生し、軽度の失神やその場で亡くなってしまう事故などが発生しました。

心血管疾患患者に対する投資市場の刺激

頻繁な取引、および株価の急上昇は、緊張、不安、血流の増加、心拍数の増加、および重度の血管収縮を容易に引き起こす可能性があります。このような緊張した環境では、高齢者はおろか、一般の人もそのような精神的緊張には耐えられないかもしれません。また、心拍数が増加すると血圧が上昇しやすくなり、冠動脈疾患を昔患ったことのある人は再発しやすくなります。また、脳血管症状のある患者は脳塞栓症や脳出血などの緊急事態につながることもあります。そして、血圧が大きく変動すると突然、脳卒中や麻痺、心筋梗塞などの危険にさらされます。

投資家は投資をしない人と比べて、より高い健康リスクを背負っています。市場における投資家の利益と損失は、その後の人生に直接影響するからです。場合によっては、投資家が非常に興奮した状態になると、血圧が急上昇することがあります。これは、高血圧や冠動脈疾患のある人にとっては非常に危険です。

投資市場のボラティリティが病気の発生率に影響を与える

アメリカ企業のアライアンスバーンスティンと復旦大学の教授で構成される共同研究チームは、二〇〇六年から二〇〇八年にかけて中国で行った調査で、上海の九つの地域を対象に上海の株価指数の変動を分析し、上海地域における心臓病の発生率との関連性を調査しました。その研究チームは、株式市場指数が１００ポイント下落すると、心臓病による死亡率が５．４３％増加し、心筋梗塞の発生率が３．１７％増加することを発見しました。また、株価指数が１％変化するごとに、心臓病による死亡率も平均１．９％増加していることがわかりました。

二〇一〇年、アメリカのデューク大学の研究者は、過去三年間の心臓検査の医療記録を調べ、毎月の心臓発作の発生率を株式市場の変動と比較しました。この調査は、二〇一一年にHarvard Medicine magazine に掲載されました。調査された一万件以上のケースの中で、心臓発作は、世界金融危機による経済不況の間、つまり二〇〇八年九月から二〇〇九年三月までの六か月間に着実に増加していたことがわかりました。

二〇一三年、台湾の学者である陳欽賢《チンチンシェン》は、脳卒中と株式市場の指数との相関関係について研究を行いました。この研究によると、高齢者は脳卒中のリスクが高くなり、また65歳以上の男性は株式市況の影響を最も受けやすく、株価が急落すると、この年齢層は脳卒中で入院する可能性が最も高くなることがわかりました。株価の下落による脳卒中で入院した男性のうち、65歳以上の男性の数は、45〜64歳の二倍以上、25〜44歳の五倍以上にも上りました。当時、株式市場の台湾加権指数は一日で1％下落し、脳卒中による入院患者数がその日に1．58人増加したことが判明しました。そして、一日で2％下落すると、入院患者数は約4．3人増えることがわかりました。利益を期待して多額の投資を行った投資家の中には、株式市場の浮き沈みによって血圧が急上昇し、不眠症に陥る人もいました。複数の銘柄が値幅制限の上限まで下落し、株式市場加権指数が一日に最大6．5％下落したとき、脳卒中による入院患者数はその日約三十人増加しました。そして、株式市場加権指数が一日で1％上昇すると、その日の脳卒中入院患者数は約0．42人減少することもわかりました。

心血管疾患が起こる原因

一部の学者は病気の原因を分析するために、投資経験のある患者に発症時の状況を思い出すように依頼しました。その調査によると、発作が出る前は特に異常はなかったが、株式市場が下落したときから気持ちが落ち込み、そのことばかりを考えていたら、血圧が上昇し、不眠に悩まされる日が増えたと回答しました。そして指数の下落によって引き起こされたボラティリティに加えて、一部の投資家は、指数の急激な上昇のために過度に興奮してしまい、それが血圧の上昇につながったこともわかりました。また、指数が急上昇するか急落するかにかかわらず、心機能が低下している患者はより大きなリスクにさらされ、緊急の治療が必要になる可能性があることもわかりました。上記の多くの研究に基づいて、心血管疾患の投資家や感情的に過敏な高齢の投資家は、健康上の問題を防ぐために、リスクの高い商品をメインに投資しないようにすることをおすすめします。

中高齢投資家の健康状態

鄧《トウ》氏は、退職時に約二百万台湾ドルの年金を受け取りました。退職するまで彼は勤勉な建設現場の職長として働いていました。平日は新聞を読み、タバコを吸い、ワインを飲む、そんな生活を送っていました。投資については無知であり、余ったお金があれば銀行に預けていました。二〇〇七年のある日、鄧《トウ》氏は銀行にお金を下ろしに行きました。そこでファイナンシャルプランナーに勧められ、彼は退職金を使って指数連動債券を購入することにしました。ファイナンシャルプランナーは、三年で10%もしくはそれ以上の利益を回収でき、そしてそれを老後に必要な資金に回すことができると強調していました。理性より感情が上回った鄧《トウ》氏は、そのファイナンシャルプランナーの言葉を信じ、その場で退職金の半分以上を指数連動債券に投資することにしました。その一年後、鄧《トウ》氏の娘が同僚から、その指数連動債券が暴落している話しを聞きました。その後彼女はすぐに担当のファイナンシャルプランナーに電話して収益率を確認したところ、その商品が見るに堪えない状況であることが判明しました。この一連の流れを通し、鄧《トウ》氏は落ち込み、同時に怒りの感情も込み上げてきました。

多くの損失を出している状況を知った鄧《トウ》氏は、その後も気分は悪くなる一方で、次第に元気もなくなっていきました。以前は公園で友人と会話を楽しんだり、歌を歌ったりする生活を過ごしていましたが、投資で失敗したことによりそんな気分にもなれませんでした。鄧《トウ》氏は以前よりもタバコを吸う頻度が増え、お酒を飲む量も増えました。好きなテレビ番組すらもあまり見なくなり、夜眠るためには睡眠薬が必要になりました。娘に対しても申し訳ない気持ちになり、自分を責めてしまうこともありました。次第に、以前の職場である建設現場に戻り、投資で失ったお金を取り戻したいと考えるようになりました。

景気後退の影響を最も受けた人々

退職した後にそれまで貯めてきた貯蓄を株式市場に投じる人がいます。アメリカと台湾の株式市場の株価指数が下落すると、それらの投資を始めた人々の資産は影響を受けてしまいます。本来定年を迎えた人々の貯蓄は、退職後も生活に困らない資金を所有していることが多いです。しかし、株式投資に資金を回して株価が下落したことにより、資産が大幅に縮小し、悩みが増えてしまう人もいます。失敗の経験から学んだ後、彼らは残りの資金を最も保守的な商品に投資することを選択し直すこともあります。

アメリカで行われたある調査では、景気後退や株式市場の影響を最も受けるのは、退職金の少ない退職者であることがわかりました。世界金融危機の間、アメリカの多くの高齢者はそれ以前に株式を売却しなかったことにより、巨額の損失を被ることになりました。そして彼らは退職後の計画を変更することを余儀なくされました。

欧米諸国における投資資金の喪失による最も直接的な影響を受ける人は、医療保険の支払い能力がなくなってしまう中高年者です。彼らの中には、健康を失う危険にさらされることになってしまう人もいるのです。医療保険を払い続けるために、再就職を余儀なくされている高齢者もいます。ある調査によると、不況で職を失った中高年労働者は、不況ではないときに比べ、精神的なストレスが大きく、死亡リスクも高いことがわかりました。失業したことにより、食料、医療、保険への支出を削減せざるを得ない状況に陥ってしまい、結果として間接的に死亡率が上昇するのです。

経済不況時に、投資に失敗した高齢者は、職場復帰した人々を除き、病気にかかっても医師に診てもらえなかったり、治療を遅らせたりすることを選択しなければいけない状況に立たされることもあるでしょう。また、薬や医療にかかる費用を削減しようとしたりもします。まさにそれ自体が健康に悪影響を与える行動になるのです。

ヨーロッパで行われたある研究によると、二〇〇八年の景気後退の間、50～64歳の中年および高齢者が職を失うと、アルコール依存症、うつ病、死亡の危険にさらされ、間接的に中高年の人々の生活の安全に影響を与えた可能性があったことがわかりました。特に男性は、株価が下落して景気が悪化すると、自分を慰めるためにお酒に頼る可能性が高くなります。また、配偶者がいる場合、憂鬱な気持ちに陥る可能性が低くなることもわかりました。そして、教育レベルの高い家庭に育った人は、教育レベルの低い家庭で育った人たちよりも、自分自身が健康であると考えている割合が高いこともわかりました。

高齢者に適する保守的な投資

中高年層は、健康面、体力面ではやはり若者に勝ることができません。特に高齢者は、より脆弱な健康状態のグループに属しています。高齢者の知力、体力、免疫力は、二十代の頃ほど敏感でエネルギッシュでもありません。若い投資家はいつでもインターネットを通して、新しい知識を吸収することができ、投資スキルを高めることもできます。一方中高年層は年齢を重ねるにつれ思考力が低下し、次第に合理的に判断する能力も低下し、感情に支配されてしまう可能性があります。また、若い人と比較すると、知識の吸収速度も遅くなってしまいます。

高齢者の臓器機能は、二十代の頃ほど活発ではありません。また、周囲の人間関係の変化により、未亡人となってしまったり、友人の他界などにより、心理的な孤独と人生の独身に順応したりしなければならない人も出てきます。このような状況は、元々参加していたコミュニティなどへ行かなくなるなどの行為に対しても影響を与えます。

この調査の目的は、不況の悪影響を分析するためのものではなく、家族に、中高年層投資家の身体的および精神的健康に注意を払い、投資のために健康と生命を失わないように注意喚起することです。高齢者が精神的に脆弱であると、投資の失敗は経済的な影響だけではなく中高年自身とその家族にも影響を与える可能性があります。つまり、高齢者については、多額の投資を行うのではなく十分な生活を確保し、資金を保有した上で行う保守的な方法が最適ともいえます。

本業のパフォーマンスに影響を及ぼす

阿亮《アリョウ》氏は財務経済学科を卒業した後、台湾北部の銀行員として働いていましたが、優れた業績と豊富なキャリアにより、若くして主任にまで昇進しました。阿亮《アリョウ》は日常業務に加えて、金融と経済にも精通しており、台湾株についてもある程度の知識を持っていました。そして、短期取引を頻繁に行っており、利益を得ていたことにより大幅に収入が増加していました。阿亮《アリョウ》は株を見る目があったため、二から三か月の短期間の運用で、良い収益を得ることができていました。また、利益を出す回数が増えるにつれて、阿亮《アリョウ》は自身の能力に対して次第に自信を持ち始めていきました。その後、阿亮《アリョウ》は今までの取引スタイルを変え、二から三か月の短期取引からデイトレードに切り替えました。

しかし残念なことに、阿亮《アリョウ》氏は不注意により、数百万台湾ドルを失うこととなりました。百万ドルにも上る住宅ローンも抱えており、その上まだ両親の面倒を見ていかなければいけないという思いもあり、阿亮《アリョウ》氏が背負う負担はかなり重いものでした。借金の損失と辛い日々の中で、阿亮《アリョウ》氏は犯罪に手を染めてしまいました。自身の働いている銀行で、偽札を本物の紙幣と交換しました。その後、数日間は誰にも見つかりませんでしたが、その月は偶然にも、本店長が内部監査のために支社を訪れる予定となっており、阿亮《アリョウ》氏が行った不正行為は虚しくも見つかってしまいました。その後、彼が業務で扱った帳簿は徹底的に調査され、最終的に阿亮《アリョウ》氏は、懲戒解雇処分となり、刑事告訴されることとなりました。

働きながら投資をして不正行為をした

銀行員が投資に失敗したために、犯罪行為に走るという刑事事件が時折報道されます。このような犯罪行為に一度でも手を出してしまうと、結果として当然のことながら職を失います。最近起こった銀行員以外の実例を見てみましょう。

二〇二〇年五月、とある町にある小学校の校長は、勤務中に証券会社に委託して公務外行為である取引を頻繁に行っていました。他の人からの阻止も気にせずに取引を続けていました。その後、ある人により、メディアにリークされましたが、そこでも気を変えずに取引を続けていました。その後この内容がメディアに報道された日には、取引件数は95件にも上りました。この校長は三年半の間に取引合計額が二十二億台湾ドル近くに達し、最終的に事件となり、校長の座を降ろされることとなりました。想像してみてください。この校長の膨大な株式取引量と取引額は、かなりの集中力を要する柔軟な取引決定を必要とすることがわかるでしょう。彼が勤務時間中にどれだけのエネルギーを持って業務に集中することができていたのか、誰もが疑問に思うことでしょう。

仕事に影響するだけではなく健康問題にも発展する

二〇二〇年の株式市場の暴落は、これまで勤勉に働いていた多くのホワイトカラー労働者に影響を与えました。夜に訪れる不眠症と心配ごとにより、翌日の勤務中には働く気力がなく、仕事の効率も低下してしまいました。そうした人々の中には、取引エリアの一部を米国株にまで拡大しているために、睡眠時間をも削る必要がありました。資産が減らないように、仕事が終わった夜九時半から、朝の三時か四時まで、常にパソコンの前に座っていました。

他の同僚よりも早く職場に到着しては、到着してすぐパソコンの電源を入れて、その日の日経指数と韓国総合株価指数を確認し、アジアの重要な両国の経済状況が一時間後（台湾と日本・韓国の時差は一時間）に、台湾の株式市場に影響を与えるかどうかを確認していました。香港ハンセン指数と上海総合指数の情報も見逃さずに確認していました。その年の三月は、多くの投資家がこのような緊張した環境下で生活していたため、当然仕事のパフォーマンスも大幅に低下しました。

社会人として働きながら投資をしている友人たちから話を聞くと、働きながら投資をすることで、本業にも影響が出ていることがわかりました。以下は実際に彼らが体験している状況です。仕事の会議中にもリアルタイムで市場を確認するためコソコソと携帯を確認しなければいけなく、また投資のことを考えるが故に集中することができない。報告書を作成するなどの作業中にも指数を見ながら作業を進める。投資仲間たちと指数の変化や専門家の分析、今後の投資戦略に関する相互のアドバイスについて話し合う際には、仕事中にもかかわらず仕事を一旦中断しなければいけない。

私の友人の一人は、仕事の休憩中にトレーダーに電話して市場の状況について確認をします。株に集中することにより周りから仕事に身が入っていないと思われ、彼は年配にもかかわらず、上司が自分の努力を見ていないことや昇進や昇給について彼の名前が挙がらないことについていつも不満を言っています。

株価変動は仕事中の気分に影響を与える

私が知る中で一番株取引と仕事を両立できる人物は、アメリカ人のある不動産会社オーナーです。彼は、勤務時間を使って株取引を行い、五千万台湾ドル近くを稼ぎました。しかしその後、そのオーナーは稼いだお金を、自分には一円も残さず、コロナ渦でも働いてくれた四百人の従業員に分配することにしました。このことには従業員たちも非常に感動しました。株式市場の変動期には、解雇されてしまうかもしれないと従業員が思うことにより、通常の仕事の士気が失われる可能性があります。

国内の調査によると、経済が不安定で会社が人員削減を進めている時期に会社に残った従業員は、解雇の理由が合理的であり尚かつ退職したスタッフに適切な補償を提供しているとわかった場合、残ったスタッフたちは今まで以上に前向きに仕事に取り組むことができるようになります。しかし逆に解雇に至るまでの過程が円満ではない場合や、会社内の雰囲気が良くない場合には、残された従業員たちの職場内の雰囲気や仕事のパフォーマンスに影響を与えてしまいます。

生活の質に影響をもたらす

王《オウ》氏は以前靴工場で働いており、月収は四万台湾ドルにも満たないものでした。そんな彼は結婚前、少額の資本で株式を購入し、ときには利益を上げていました。彼が結婚した直後、世の中はＩＴバブルに突入しました。そんな中彼はナンピン買いを繰り返していました。ナンピン買いの回数が増えると、次第に彼は怒りを発散するために妻と二人の子供に対して殴ったり大声を出したりするようになってしまいました。王《オウ》氏の妻はついに我慢できなくなり、王《オウ》氏との離婚を求め、法廷に行きました。王《オウ》氏の妻は裁判官に対し、王《オウ》氏は結婚して以来、家族のことを気にかけたことはなく、株式の調査に時間を費やし、給料を家族のために使わず株式にすべて費やし、妻は家計を支えるために働いていたと訴えました。

離婚に至るまでに、妻は「あなたには投資の能力がありません」と言いましたが、王《オウ》氏はさらに激怒し、莫大な利益を得るためにさらに多額のお金を使うと言い張りました。その後、王《オウ》氏は自分の仕事が市場を確認する時間を妨げていると考え、仕事を辞めてしまいました。それからは株式市場を常に確認することができるよう、毎日コンピューターの前に座りました。お金を失うたびに感情がコントロールできず、妻と二人の子供を殴ったり叱ったりし、子供のランドセルや教科書を地面に投げつけて怒りを発散させました。王《オウ》氏は株にハマってお金を失ってから、精神状態も異常になり、夜更かししたり、早朝にベランダに出て独り言を言ったり、株式市場を追い続けるために夜中も寝ずにテレビを見ていました。そしてとうとう夫の暴走に耐えかねた妻が離婚を求める展開とまでなってしまったのです。

子供の教育と健康に悪影響を与える

家庭内において収入源を支える方が適切な資金管理をしていなければ、何も計画を立てずに資金を株式市場の投資に回してしまい、それが市場の浮き沈みが損失に繋がった場合、子供や両親の介護、家族関係の調和に影響を与えます。私の周りには既に経済的に困窮しているシングルマザーが多く、投資で家計を改善したいと考えていますが、驚いたことに投資がうまくいかず、必要な食費や生活費までも削ってまで投資に回してしまう人もいます。投資での損失補填のために子供の医療費を節約したいと考えてしまい、最終的には深刻な病気になってしまうこともあります。こうしたケースは、我々の身近なところで発生しています。

もしあなたが、パートナーのいない投資家であるなら、投資が失敗して、経済的な困窮に陥ったとしても、一人のことであれば何とか乗り越えることができるかもしれません。しかし、その投資が家族にまで影響を与えるとなると、投資された資金がもし子供の教育費である場合、それは生きる権利や教育の権利を奪うことに等しいといえます。したがって、感情的な投資、衝動的にしてしまう投資は、個人の経済的レベルの問題であるだけでなく、家族の生活にも影響を与えてしまうのです。

退職を遅らせる中高年者

二〇一三年のアメリカの調査によると、景気後退や株価の下落が資産に影響を与えた場合、55～64歳の高齢者の33％の人が支出（医療保険・食費を含む）を削減する考えにシフトすることがわかりました。彼らは支出削減と引き換えに、栄養価の低い食を選び、生活に必要のないものへの支出を減らします。支出を減らすためなら時間を使っても良いと考えるようになります。例えば、外食へ行くのではなく、自宅で食事を済ませるようになります。車移動によるガソリンの消費を削減しようと、代わりに公共交通機関を利用して移動しようとします。

アメリカで実施されたある調査のデータによると、もし家族の収入が減ると、家族へのケアの質も低下します。例えば、家族の余暇の時間が減り、授業料や習い事などの子供の教育への支出が減ります。同居している高齢者も、世帯収入が減ることによる影響を受け、本来定年退職予定だった人が退職計画を先延ばししたり、高齢で定年退職したにもかかわらずパートタイムの仕事を探したりする可能性があります。調査によると、家族が不況の影響による打撃を受け、年長者の資産が三十万台湾ドル相当下がると、退職が六年近く遅れる可能性があることが示されています。また、資産の減少が10％以内であれば、約四年退職が遅れ、資産の減少が10％以上であれば、退職を約九年遅らせる可能性があります。

離婚と投資の関係

驚くべきことに、経済が低迷し、弱気相場に見舞われ、家計の資産が縮小したとしても、離婚率は上昇しないことがわかったのです。理論的に解釈してみると、家計が打撃を受けると、夫婦は経済的にも心理的にもお互いをサポートする必要が生まれます。つまり別れてお互い自立するという選択肢が消えるのです。また、経済状態が悪いと必然的に資産が大きく減ってしまい、離婚しても慰謝料も十分に取れない状況になります。そのため、お互いに嫌い合ったり、喧嘩したりすることを避けているのかもしれません。たとえ喧嘩をしたとしても、我慢して一時的に良い関係を保った方が良いと考えるのです。そして、景気が好転するまで待ってから、離婚に向けての話し合いをするのです。これらに関する内容の調査では、イギリスとベルギーで実施された研究からも同じ結果が得られています。

近年、FIRE（Financial Independence & Retire Early）という言葉に代表されるような、節約してお金を早く貯め、目標を達成した上で早く退職をするというライフスタイルを目指す人々がいます。これらのライフスタイルを目指す人々にとっては、弱気市場は試練であるともいえます。また、資産が縮小することにより、さらに節約することが必要になり、最悪なパターンは職場に戻るという選択を取らなければいけないことです。

アメリカの法律専門家の間で出回っている興味深い経済指標があります。それは、離婚件数に基づいて景気を予測することです。二〇〇八年の世界金融危機の際、離婚訴訟を専門とする多くの弁護士は、経済環境が落ち込んでいるときは離婚件数が減少し、経済が回復した後は離婚したい人の数が増えると述べています。つまり、離婚件数は経済状況を予測する際に見る指標の一つと見なすことができます。弁護士は、不況がどん底に達してから四から六か月後に、離婚件数が徐々に増加し始めたことを発見しました。夫婦は、お互い我慢の限界であり、お互いの資産が不況前の水準に戻った後に、離婚した後の資産交渉を進めるのです。そのため、景気が良くなると離婚件数が増える傾向にあるのです。

第五章

投資の失敗へつながる原因への攻略方法

心理面

其の一：自分の投資動機を区別する

投資する際、我々の意思決定の裏に隠れている動機は何でしょう。投資における動機は非常に重要です。私はかなり不可能に近いことだと考えていますが、世の中には「お金を失うことなく、儲け続けてすぐにでもお金持ちになりたい」という動機で投資をしている人もいます。

二〇二〇年初め、バフェットは航空会社の株価の上昇を誤算し、最終的に赤字となり、やがてその会社に投資していたすべての株を売却しました。このことについて、彼は後に、「間違いを犯した」とも認めています。

バフェットは現在90歳になり、人生のほとんどを市場の研究に費やしてきた世界クラスの投資家です。また彼は、優秀な市場調査チームを持っています。そんなバフェットでさえ、取引をするにあたり「損をせずに着実に利益を上げる」ということを株主に保証することはできません。

そのような投資の世界で、我々のような、本業の合間の中で、経済に関する情報を得て副業として投資をする初心者たちはどのようにして「損をせずに着実に利益を上げる」ことができるのか。

「損をせずに着実に利益を上げたい」という考えそのものに執着しすぎてはいないだろうか。しかし実際のところ、その考え自体ただの理想に過ぎないともいえるのです。「儲けたい」という考えが頭に浮かびすぎると、「投機的」になってしまい、そしてそれは最終的に「ギャンブル的感覚」にまで陥ってしまうのです。アメリカの心理学者は、投資家とギャンブラーの違いを研究し、投機的な投資とギャンブルの間に差異がないことを発見しました。

1. 自分をコントロールできないがために、頻繁に取引をすることで、取引をすること自体が目的になってしまい、明確な目的が無いまま依存状態に陥ってしまう。

2. 自分をコントロールできないがために、金融トレーダーと市場の状況について話すことや経済のニュース・市場分析の勉強に時間を費やしすぎたりすることにより、通常の生活にも影響が出てしまい、それにより人間関係・学業・仕事に影響が出たりする。

3. 自分をコントロールできないがために、取引を止めようとしたり、取引頻度を抑えようとしたりしても、うまくいかない。

4. 自分をコントロールできないがために、自分の口座にお金がある限り株を買い続けてしまう。

5. 投資手法が段々と大胆になる。レバレッジ、先物、オプションなどを利用して元本を増やして投資したりする。

6. 気分転換のために取引を利用したり、辛い状況から抜け出したり問題を回避しようとして、現実が見えない状態になってしまっている。
7. 取引で失敗した後、失ったお金を取り戻そうとして、さらに多くの資金を投入するか、レバレッジをかける。
8. 投資取引の頻度と結果を家族や友人に対して隠す。
9. 株取引の資金を作るために、犯罪行為をする。例：詐欺、窃盗、横領などの違法行為。
10. 他の人から借りた資金を用いて株式投資に参加する。

所詮、私たちは普通の人間であり、子供たちの学費や両親の医療費などを支払うための資金集めとして投資を使いたいだけです。そして、余ったお金を自分自身や家族のために使って褒美を与えたいと考えているのではないでしょうか。このように、実際に私たちの抱える願望は大きいものではなく、不用意な投資や過度の投機によって平穏な生活が崩壊することは決して望ましいことではありません。

自分を観察していますか。貪欲な気持ちがあるまま決定を下すと、客観的な判断力を失ってしまいます。そして、取引をする際の決定におけるミスに繋がり、間違った決断をしてしまうこともあります。そして、「損をせずに着実に利益を上げたい」と求めてしまうと、過度の精神的負担がかかり、偏った判断をしてしまいます。このような貪欲な願望、そしてすぐにお金持ちになりたいという妄想的な欲求はすべて、投資心理において克服されるべき障害です。

其の二：貪欲な感情に支配され、儲けたいという気持ちだけで投資をしてはいけない

経済番組やインフルエンサーの配信などを通して、投資でお金を「稼ぐ」方法を得ること

ができます。しかし、多くの情報を得ることにより、元々設定していたルールに対して迷いが出てくることがあります。

いくら稼げば十分なのか

「成功にはリスクがつきもの」という言葉があります。私の叔父は、家族を養うのに十分な収入があり、台北市の一等地に大きな邸宅を所有していたのにもかかわらず、さらにお金を稼ぎたいと思っていました。「良い生活を送る」に十分な財産があっても、彼の「富」の要件を満たすことができなかったのです。

結局のところ、このような考えの根底には「貪欲」が隠れています。貪欲さは、危険を冒してまでお金を稼ごうという気持ちにさせます。しかし、そのようにして稼ごうとしているお金は実際には、家族が必要としていない場合もあります。もしくは、多すぎて使い道がない場合もあります。彼の家族は健康で、事業に失敗して借金を負った家族もいないため、これ以上まとまったお金は必要ありませんでした。

にもかかわらず彼は、使用されない可能性のあるお金のために、家族の幸せを失いました。私がその後彼と再会したとき、彼の言葉と行動はすべてその失敗からくる負のものであり、非常に暗い人で近寄りがたい人へと変わってしまっていたのです。

「稼ぎたい」という考えの裏には必ずリスクがある

貪欲はリスクをもたらします。アメリカ株と台湾株はここ数年強気相場であり、この波に乗って投資市場に参入した投資家は、豊富な知識がなくても、投資で十分なリターンを得ることができるかもしれません。変動のない状況に魅了されて投資に参入した投資家たちは、予想外の大きな変動がくることすら考えたことがありません。利益を出しているとき、人は次の有名な格言を忘れてしまいます。「投資にはリスクが伴う。」「投資には利益と損失の両方がある。」「株式投資を始める前に目論見書をよく読む必要がある。」

私の友人の多くは、二〇二〇年の株式市場の暴落を経験しました。当時、Webサイトやテレビ番組を見ると、今が買い時であると提唱したり、逆に今は売却するべきではない等と言ったりしていました。しかし今後、彼らは暴落の経験があるからこそ、期待できる利益や背後に待ち受けるリスクを考慮し、合理的かつ冷静な考え方のメディアの情報に惑わされてすべての情報を受け入れることなく、投資の背後にある長所と短所、およびリスクを冷静に区別して、判断を下すことができるでしょう。

お金を稼ぐことよりも、いかにしてお金を貯めるのか

あなたは「稼いでは使い、さらに稼いでは、さらに使う」そんな投資家ですか。
私は投資で勝った後も、シンプルな生活を目指す努力をすべきだと考えています。

二〇一二年、あるレポーターがバークシャー・ハサウェイを訪れ、世界で最も裕福な男性の一人であるウォーレン・バフェットにインタビューした内容をニュースで報道しました。そのときレポーターは、バフェットが使用する机は彼の父親が使っていた物であることを知りました。そして、彼がレポーターを乗せてくれた車は、古いセダンだったのです。80歳の

バフェットが重要顧客を訪問する際にも、専属ドライバーを付けず、自分で運転していたのです。また、彼は投資として、カリフォルニアの豪華なオーシャンビューの別荘を購入しましたが、今でもネブラスカ州の古いオマハの家で質素な生活を送ることを好んでいるそうです。

底なしの欲求を満たすために、より多くのお金が必要な場合は、より頻繁でより大きな取引を行い、より多くのお金を稼ぐ必要があります。貯金をして、しっかりと資産配分をした上で、利益の追求に疲れはてないようにする、それが本当の自由なのです。ヘッジファンドマネージャーのポール・チューダー・ジョーンズが残したこんな言葉があります。

「どうやってお金を稼ぐかではなく、何をしたら損失が出るのかを考えてきた。そして、お金を稼ぐことに集中するのではなく、資産を守ることに集中してきた。」

其の三：初心者は投機を避け、大損するくらいならば少ない利益を狙え

経済やビジネス系の番組に登場する専門家たちの中には、過去に大きな損失の経験を経て、慎重に投資する方法を見つけた人たちもいます。これらの専門家たちの経験や経歴を見てみると、彼らの投資について研究する姿勢や、良いことや悪いことを含めた結果を受け入れる勇気に感心せずにはいられません。メディアを通して、彼らが経験した過去の教訓を学ぶことができることは、我々投資家にとってこれ以上にない最高の学びの場なのです。

過去の過ちを繰り返すことなく、彼らの経験や教訓を通して、感情に支配されずとも正しい投資決定を見つけることができます。また、彼らの失敗した経験を整理して、反省点をまとめてみる。そうすることで、安定した方法で投資することができる自分なりのやり方を見つけることができます。投資に費やす長い時間と引き換えに、シンプルな投資の考え方を見つけ出すことができます。一方、一気に儲けようとして一気にすべてを投資に入れた結果、大きな損失を被ってしまう人がいます。そのような結果を目指すくらいであれば、最初から

少ない利益を出すことを目標に投資をすることが賢明だといえるでしょう。一旦市場が大きく下落してしまうと、元に戻るまでに予想をはるかに超える精神的プレッシャーと時間がかかってしまいます。

是川銀蔵、ジェシー・リバモア、リチャード・デニス、これらの人々は歴史に名を刻み、伝説と呼ばれている投資家・投機家たちです。彼らはそれぞれ倒産や借金、うつ病による自殺など波瀾万丈の人生を歩んできました。その点が、彼らが伝説と呼ばれる所以です。これらの最高峰の投資家たちである彼らは皆、短期取引が得意で、高いレバレッジを設定し、短期間ですぐに大金を手に入れてきました。そんな彼らが共通で持つ特徴を描写する際に適するのは「お金はすぐに行き来する」という言葉です。結局、彼らの投資方法では、利益が出ることもあるが、借金を背負うまでに至ってしまうこともあるのです。

一度、投資とは何かを理解し始めると、誰が成功し、誰が失敗したのかに注目することができ、そして彼らの成功と失敗の中に隠れた理由を分析できるようになるのです。彼らの富は、人生のある時点で、ピークに達していました。ピークの瞬間の生活に焦点を当てて見てみると、彼らの生活は皆が羨む輝かしいものであり、専用の運転手を雇い、一等地に暮らし、贅沢で楽しい生活を送っていました。彼らの生活には世界中が注目し、彼らの手法は瞬く間に世界中で話題となり、多くの人が真似をし始めました。しかし実際には、一気にお金が入ってくるということは、一気にお金が出ていくという意味の裏返しでもあったのです。

世の中には、短期で富を築いていく投資家に対して興味や憧れを持ち、彼らを目標にした後に一気に資金を投資に回して富を得たりする人もいます。そして、このようにして富を得た後は将来の心配をする必要がなくなったと思い、仕事すらもしなくていいと考えてしまうのです。

しかし、短期で富を得た彼らの人生は長く、まだ終わってはいません。今はまだ旅路の途中であり、終わりを迎えてはいないのです。誰かを悪く言うつもりはありませんが、私たちは自分自身の能力を理解する必要があります。世界中で起こることは予測不可能であり、明日何が起こるか、そしてこの出来事が市場に大きな変動を引き起こすかどうかは誰にもわかりません。大きな変動が起こったときに、我々の持つ能力はその大変動に対応することができるのでしょうか。また、これらの予期せぬ出来事によって引き起こされる経済的負担が私たちの日常生活にどれ程の影響を与えるのか、はたまた対応しきれない程の影響が襲いかかってくるのかどうかということを考える必要があります。

最後に、ジェシー・リバモアが残した言葉を紹介します。「プロの投資家たちは、お金を稼ぐことやお金を失うことには関心がない。彼らは、適切なタイミングで適切なことを行うことだけに関心を持つ。彼らは、そこに利益がついてくることを知っているからだ。」しかし残念なことに、自分を過信していたジェシー・リバモアの考えとは裏腹に、当時の市場動向と、彼の考えは真逆であり、最終的に市場は彼に大きな打撃を与え、彼は破産するにまで至ってしまったのです。そして、お金を失うことへ無関心だったはずの彼は、ついに自殺という選択をし、最期を迎えたのです。

其の四：投資をしないことが最善の投資になることもある

私の友人の中に、一日中取引をしないと機嫌が悪くなる程に、株に依存している投資家がいます。彼は、お目当ての投資対象が見つからなくても、夢の中で取引するくらい株に没頭しています。二〇二〇年三月末、株式市場は急上昇と急落を繰り返している状況の中で、彼の投資はなかなか良い結果を出すことができずにいました。そんな中、専門家やメディアが金の投資収益率に関して報道する機会をよく目にし、金の価格がゆっくりと上昇し、段々と高値を更新していることに気付きました。彼は、金の投資収益率を分析すると、胸の高鳴りを抑えることができず、手元の資金の一部を金の購入に充てました。高価でしたが、数十万台湾ドル分の金を購入し、資金を一気に使い果たしてしまいました。しかしその翌日、金の価格は一気に下落してしまったのです。

それと同時に、台湾の株式市場は上がったり下がったりの変動を繰り返していましたが、S&P５００は安値から30％近くの回復を遂げていました。そして彼は次に株取引で大きな成果を上げたいという野心を持ち、株取引を始めたのです。株取引に金取引といった取引を続ける彼に対して、少しは休憩できないものかと思ってしまった程でした。

真逆の性質を持つ投資家ウォーレン・バフェットについて思い出してみましょう。彼ははるかに冷静で忍耐強い投資家です。しかし、そんな冷静なバフェットでも予測を間違えることはあり、常に勝ち続けることはできないのです。二〇二〇年にバークシャー・ハサウェイの株主に宛てた書簡の中で、彼は株主に向けて、航空会社の株を損切りしたことを認め、「大型投資を行う予定をしてますが、現時点で魅力的な投資先はありません。」と述べて投資しない選択をしたことがあります

其の五：市場動向と個人の性格に基づいて、ハイリスク投資の比率を減らす

各個人の株式配分比率（リスク許容度）を計算する公式があります。

株式配分比率（リスク許容度）＝（１００－年齢）×１％

この計算式を参考にする際は、ご自身の性格や投資に対する理解、現在の市場動向に応じて微調整してください。

当時38歳だったB氏は、投資の経験や知識があまりない比較的保守的な投資家でした。彼は上記の公式を使うことで自身のポートフォリオはリスクを取りすぎていることを知りました。通常は、ファイナンシャルプランナーなどの他者に相談した上で、投資を専門で扱う人たちに委託するべきです。しかし、彼は気が乗りませんでした。なぜなら、他人に任せても、最終的に損をするのは自分という点が気がかりであり、性格に合わないと考えているためでした。

ある日、B氏に資金があることを知った、保険の営業マンとして熱心に働く女性が彼にこう言いました。私は公務員（台湾では、公務員の退職金は高い）で働いていた人を何人も知っています。その人たちは退職後、退職金を株式市場に投資しました。そして最終的には数百万台湾ドルもの損失を出してしまったのです。こうして、投資に向かないと自覚していたB氏に保険に加入するように勧めました。彼は、貯蓄保険や外貨保険に加入すれば、利子は株式投資の配当金ほど高くはないものの、インフレリスクには対応できると考え、保険に加入しました。

B氏は周りの人から、保守的すぎるなどと指摘されることを恐れ、自分の資金運用計画については友人にも一切話してはいませんでした。その後数年が経った二〇二〇、B氏も予想していなかった、金融市場に突如として混乱が訪れます。そのとき、B氏は自分が下した決断を振り返りました。それは、無知であった自分に保険の営業をかけてくれたその女性に感謝した瞬間でもありました。もし、投資知識のない彼が、株式配分比率（リスク許容度）の公式に従って株式市場に彼の資本の62％を投資していたら、半年以内には彼の資金は半分以下に縮小していたかもしれません。こうしてB氏は資金運用について徐々に学び始めたのです。そんな彼が辿り着いたのは、仕事を頑張って得たお金を徐々に株式投資に回し、資産を増加していくという道でした。

二〇二〇年三月株式市場が暴落していたとき、B氏の株式投資に回す資金はそこまで多くはなくまた配当金を目当てに投資をしていたので、強い不安に悩まされることはありませんでした。一方、当初彼を嘲笑っていた同僚たちは、資金のほとんどを株式投資に投入していたため、昼夜を問わず常に不安な気持ちに襲われていたのです。

行動面

其の六：荒れる市場に直面するとき、手元にある現金が一番安心できる

洪《コウ》氏は定時で働く一般的な会社員であり、現在は独身です。退職後の目標は、貯めた資産を使い、貧しい学生を援助する奨学金制度を作ることです。今はそのために株取引で得た配当金で少しずつ利益を出しています。そんな洪《コウ》氏は、二〇二〇年に台湾で実施された大統領選挙後の株式市場を楽しみにしていました。過去の歴史から判断すると、大統領選後の株式市場が必ずしも盛り上がりを見せるとは限らないと知ってはいるものの、少しの利益は出したいという希望を捨てずにいた彼は、楽しみにその日を待っていました。しかし、二〇二〇年半ば以降の経済に関するデータは楽観できるものではなく、下落に回る前に、できるだけ早く売却して損失を減らさなければいけないという考えも同時に持っていました。

洪《コウ》氏は今まで少しずつお金を貯めるような感覚で株式を購入してきました。そんな洪《コウ》氏が常に考えるのは、貯めてきた株をいつ売却するべきなのか。それとも、最後まで株式を保有しておくべきなのか。という問題です。特に二〇二〇年初頭、市場は非常に不安定な時期を迎え、この問題に対して発信する専門家のアドバイスでさえ、あまり有効ではありませんでした。そして、彼が持っている経験と知識から結論を導き出すことも困難でした。また、今後の将来計画と家族の状況とも密接に関連しており、その答えを導き出せるのは、自分自身だけなのです。

洪《コウ》氏は年初の激動の経済環境で資産が縮小することを避けるために、一度自分の保有銘柄を見直しました。そして、自身が保有する銘柄が、ＥＴＦ、石油化学や自動車関連株であることを確認しました。彼がそのときに心配していたのは、石油化学や自動車関連株でした。それらは景気の影響を一番受けやすく、株価もそれにつられて上下に変動することに気付きました。逆に一番心配する必要のないものがＥＴＦであることもわかりました。なぜかというと、ＥＴＦは、市場が下落したときの回復力が非常に高く、市場が上昇したときは市場よりも速く動くのです。

洪《コウ》氏は長期にわたって安心して保有できるのは、下落に抵抗することができ、急上昇する可能性をひめている銘柄であるという一つの答えを見出しました。正しい株に投資すれば、夜も安心して眠れるし、老後になっても高血圧に悩まされることはないのです。株価が上がったり下がったりする株を保有することは、配当利回りが高い場合もあり、決して悪い選択ではありません。しかし、このような株を長く保有していると、景気が良いときは変動が少ないためあまり問題にはならないが、景気が悪くなると投資家の感情もつられて上がったり下がったりと不安定になってしまいます。また、このような株式は、四六時中気になってしまい、株価が下がれば気分も沈んでしまいます。そのため、環境に気分を影響されやすい人にとっては、株式市場のボラティリティが高いときは、特に影響を受けやすい時期であるといえます。

したがって、彼は今後、これら石油化学や自動車関連株をできるだけ早く売り、現金に変えることが一番不安のなくなる道であると判断しました。株式保有銘柄については、徐々に保有数を減らしていき、数社に絞った株を保有するやり方が賢明だともいえます。

其の七：取引頻度は何に影響を受けるのかを観察する

投資家の取引頻度が高ければ高いほど、高い利益がもたらされるというわけではありません。逆に、取引頻度が高いほど間違いを引き起こしやすいことを示す多くの研究がありま す。あなたは、株式市場の取引頻度における個人投資家と大口投資家の違いを知っていますか。かつてこのテーマについて台湾人のとある学者が調査を行ったことがあります。上場企業が決算報告を発表した際、その会社の業績が良ければ、個人投資家は勢いよく即座に反応し、行動に移します。そして翌日には購入するに至っていることもあるでしょう。しかし、大口投資家の反応はそれとは反対に位置しています。さらに冷静に判断し、株を買い増すよりかむしろ売却するという選択を取ることもあるでしょう。このテーマは、株式市場ではよく扱われる内容です。それでは、両者の違いをさらに詳しく見ていきましょう。

頻度の高い取引は、多くの場合、次のようないくつかの感情や動機によって引き起こされます。

（1）恐怖、不安：損失に対する恐怖から、投資家は複数の取引を通じて損失をカバーしようとする。

（2）興奮：市場が変動すると、投資家はリスクが把握できていない状況にもかかわらず、そこまで難しい訳ではなく、利益を上げることはできると判断した上で、取引を行う。または、他人の持っていない会社の情報を自分だけが持っていると確信してしまい、取引を行う。

（3）貪欲：投資家が成功経験を得ると、その次はより多くのお金を稼ぎたいと思うようになる。他にも、お金がなくて急にお金が必要になったので、リスクの高い投資手法を使って手っ取り早く利益を上げたいと思って投資をしようとする人もいる。また、投資に対してある程度の理解はあるものの、具体的かつ長期的な計画を持たないタイプの人もいる。このような人は、相場のわずかな変動でも、不安や恐怖、興奮、貪欲といった感情を抱きやすい。このような動機で投資を始める人たちは少なくはないが、簡単に誤った取引をしてしまうことにつながる。

恐怖、興奮、貪欲といった感情は、取引頻度を増加させる傾向にあります。実際、1年で数回でも良い取引を行うことができれば、多くの利益を出すことができます。もし数回で利益を出せたなら、それ以外の時間は、対象物や市場の調査、友人との情報交換などに使うことができます。その他にも、余った時間を自分の趣味に当てたり、身体にも負担の少ないより健康的な時間の使い方をすることができます。しかし、取引の頻度が高すぎると、投資と取引だけに時間と集中力が費やされ、あらゆる選択肢が少なくなってしまうのです。

衝動的な感情は、常に投資家を打ち負かす最大の敵になるのです。そのため、優れた投資家は、投資を成功させる鍵となる忍耐と冷静さを兼ね備えています。ときには取引をせずに、十分な休息を取り、冷静さを保つことも大切です。取引頻度についても独自のルールを作り、計画に沿った投資を心掛けるようにしましょう。

二〇二〇年十月以降、台湾では単元未満株の日中取引が促進されるようになりました。単元末満株の価格は単元株よりも少し高くはなりますが、取引額は少額であり、投資家にとって心理的負担の少ない投資方法です。つまり、初心者にとっては少額で実戦経験を積むことができるツールとなります。少額であっても取引日誌を用いて各取引の感情状態、取引数、取引結果を記録していくことをおすすめします。何がミスに繋がっているのかなども確認できるだけでなく、取引するときに感情が支配されることを避けるよう自分をコントロールすることができるようになります。

もし感情的になってしまうようなら、自身でルール設定してそれを順守するよう心掛けましょう。また、取引回数の記録だけではなく、一日にどれくらいの時間を取引情報に集中して費やしているかを見直してみると、投資のために費やす労力と利益が釣り合っているのかを知ることができます。テレビで指数の情報を得たりする時間についても投資のために費やしている時間と言えるでしょう。

其の八：投資の開始時期を早め、長期間投資することで投資コストを抑える

私が小学生の頃、誕生日にプレゼントとして親から株を与えてもらっていた同級生がいました。そんな彼の母親が銀行のマネージャーであることを知ったのは、私が小学校を卒業する直前でした。私たちのクラスの中では、彼の家は比較的裕福な家庭でした。当時はまだインターネットが普及していなかった時代であり、株式に関する情報をすぐには入手できませんでした。しかし、彼の母親はどの会社が好調か分析をしてあげた上で、その年の誕生日プレゼントにはどの株が欲しいかを彼に聞いていたのです。無知な私たちと比べると、彼は家庭内での教育により、早くして金融に関する知識を習得することができていたのです。

私が中学生のとき、同じクラスだったある同級生は、子供の頃から体が弱く病気になりがちで、定期的に病院に通っていました。そのため彼の両親は貯蓄保険、年金保険などに大量の資金を注ぎ込んでいました。医療費などの支払いが必要になったとき、それまで貯めてきた保険を利用しようと計画していたのです。幸いなことに、その同級生は大人になった今で

も大きい病気などにかからず、健康に育ちました。そのため、子供の頃から加入していた保険を使うこともなく、今となっては万が一仕事を辞めたとしても、ある程度の余裕がある状況を確保できています。そのまま仕事を続けることができたとしても、本業の給与に加えて、保険によって得られる利息をボーナスとして得て生活していくことができます。

ここで紹介した二人の同級生は、とても裕福な家庭で育った訳ではありません。しかし、彼らは家庭環境のおかげもあり、幼い頃から資産運用の概念に触れることができていたのです。実際に当時を振り返ってみると、今ほど資産運用に対する概念は普及してはいなかったのではないかと思います。彼らの資金運用計画は、元々利益を出すことを目的としてはいませんでしたが、時間の経過とともに、資産としての価値が上がって来ました。その結果、利益を生み出すことができる要素へと次第に変わっていったのです。長期間に粘り強く続けることが、不況の中でも安定した生活を送ることに役立つのです。

其の九：取引を記録して、盲点を探し出す

あなたには、お互いに経験を共有することができる友人はいますか。私には自分の経験を共有したり、投資取引の盲点について話し合ったりすることができる友人がいます。そんな友人たちの会話の中で、我々投資家が取引をする上での盲点に関して話し合ったことがあります。理性的ではない投資家は、利益という結果だけに注視してしまいがちです。また取引後にその過程全体を振り返るために時間を費やしたくないという理由から、取引に関するメモを残さないことがほとんどです。実際これらの友人たちの中にも、元々反省することに時間を割くこと自体が無駄と考えている人もいます。しかし実際にはその考えが、より多くの間違いを引き起こすことに繋がってしまうのです。

メモを取ることを怠るほど、そして重要ではないと考えれば考えるほど、取引時の盲点を見過ごしてしまう可能性は高くなります。逆に投資判断が合理的になっていけば、次第に取引記録の重要性を認識できるようにもなっていきます。まだ記憶することができていないも

のが、重要であることもあり、それらを記憶するためには、書き留めるという行為が必要になるのです。

　投資取引の経験が豊富になり、取引に関する知識を吸収すればするほど、毎回の取引における正確性を上げることができます。以前の私は、心の小さな変化や、取引の内容の詳細を書き留めて記録したりしてはいませんでした。実際には取引中のメモをより詳細かつ明確に覚えておくことができるほど、取引はより整理された考えのもと判断することができるようになっていきます。そのため、当時の私の取引に関しては、慎重な判断の元取引ができていたとはいえません。

　投資は複雑なものではなく、皆さんがご存知のように、最も重要な原則は「安く買って高く売る」ということです。しかし、「買う」と「売る」に繋がる気分や動機は非常に曖昧で、心理学を学んだ人ですら、違いを区別できる人は多くないでしょう。私の場合は、一般的に取引記録には記載しないような、現在の気分や動機といった詳細についても記録しています。豊富な知識と経験を持つ投資家ですら、心の小さな変化により影響を受け、賢い決断を瞬時に下すことはできないのです。

これまで出会ってきた私の友人の大半は、現在の状況の変化や投資についての考えを記録しようとはしませんでした。しばらく時間が経ち、記録をすることには、取引における盲点をすばやく特定するための重要な要素がたくさん詰まっていることに気付き始めたのです。

（1）正しい投資概念を確立する：投資をする際、ある程度正しい投資概念を持つことで、可能な限り慎重かつ包括的な意思決定をすることができます。そうすることで、失敗する確率を下げ、成功に近づきます。

（2）感情と思考を観察する：第二章を参照しながら、どの感情と思考があなたを利益に駆り立てているかを考えて見てください。失敗の多くは「貪欲」という感情と密接にかかわっています。バフェットが残した言葉でこんな一文があります。「他人が警戒しているときは貪欲になろう。」この文章を次のように直して考えてみてください。「他人が警戒しているときは理性を保とう。」皆が株式を揃って売却するタイミングに出会うと、人は恐怖の感情を抱くものです。しかし、こういうときこそ、合理的かつ客観的であり続けるべきです。まずは、冷静に自分の能力を評価して、どこまでの損失であれば負担できるかを考えることが必要です。損失を何回も繰り返すことで、本業にも支障をきたしたり、不安を感じることにより、不眠症に陥ってしまうこともあります。ときには対象の株式を所有しない方が良策であることもあります。稼げないということに対して不安になっていませんか。人生は長く、お金を稼ぐ機会はいくらでもあります。もしあなたが運命を変えるチャンスを掴みたいのであれば、ひたすら冷静であり続ける、ただそれだけなのです。

（3）

外部の環境を観察する：外部の環境が要因となり、投資心理が動かされ、誤った決定を下してしまうことがあります。投資を始めたばかりの人たちにとっては、「大儲け」などの宣伝文句があちこちに飛び出してきて、その都度、心が揺らいでしまう人もいます。また、投資の年齢層が低下している今、中学生や高校生、大学生から投資を始める人も決して少なくはないでしょう。投資を強調するようなメッセージを目にすると、初心者の投資家たちは、市場が弱気であろうと強気であろうと、投資への参加を促されてしまいます。高いリスクを持ち合わせた投資ですら誤った評価をしてしまうこともあるくらいです。経済番組や専門家、証券会社は、投資の背後にあるリスクについて一から十まですべてを説明してくれる訳ではありません。そのため、取引をする際には、自分自身で合理的に判断をしていく必要があるのです。

其の十：他者に資金運用を任せる。

やはり最大の敵は自分自身である。感情は常に外部からの影響を受けてしまいます。常に株価をチェックしたいと考えて携帯を手放すことができず、市場が自分を求めていると常に感じてしまう状態になってしまってはいませんか。もしあなたがそのような状態に陥ってしまっていたとしたら、それに対して解決方法があります。まずは、株に関するすべてのことを断ち自分から取引をすることができない状況を作ってください。そして、今の株式市場はどうだろうか、と考える時間すらもまずは断つようにしましょう。また、別のやり方としては、家族にお金を預ける方法もあります。他の人に投資を委託することは非常に有効な方法です。上記のような解決方法を実践していくことは、あなたの生活の質を上げることにも繋がるかもしれません。また、睡眠の質も上がり、身体を健康に保った上で仕事を進め、家族と過ごす時間を増やすことにもつながるかもしれません。

私の知り合いの中には、既に定年退職した人たちもいます。その中に、財務管理に不慣れであると考え、銀行に資金を預けてファイナンシャルプランナーに運用を依頼している人がいます。その人は、時折自分の投資の状況を確認することがありますが、基本的に自分の時間や友人との時間を楽しむことができています。

神経をすり減らし、感情的になり、不安になり、不眠症にもなりながら、そこまでして投資や資金運用をする必要はありません。私たちの資金運用を手助けしてくれるその道の専門家であるファイナンシャルプランナーなど他の人に投資や資金運用を任せれば、これらのストレス要因になるものを減らし、気分良く生活することができるかもしれません。当然、他の人に任せたからといって、必ず資産が増えるわけではありません。しかし、自分で運用をしても、得をすることがあれば、損をすることもあるのではないでしょうか。

国民の退職金を運用するプラットフォームである「好享退《ハオシャンダオ》」は、二〇一九年に立ち上げられ、誕生してすぐに盛り上がりを見せました。このプラットフォームは専門家によって運営されており、将来のために退職金を準備しようと計画している人が、積立方式で老後の資金を形成していくことができます。感情の浮き沈みが激しく、そして何が良い投資対象かをまだ理解してはいないが、将来のために資金運用の計画を進めたい人に適したサービスだといえるでしょう。また、別の人があなたに代わって投資をする、このような方法が、落ち着いて仕事を続け、健康に暮らすための最良の方法なのかもしれません。

あなたを支え、信頼し、お金を管理してくれる家族がいれば、あなたはとても幸運です。私の場合、物心ついた時には既に家族が私のために、もらったお年玉などをいつも銀行に預けてくれていました。私が成長して教科書や授業料の支払いにお金が必要になった際には、その口座からお金を引き出して支払っていました。

このようにして家族が私のお金を管理してくれていた十年以上の間は、お金を貯めるのを手伝ってくれていることさえ忘れる程に、一切その預けたお金に対して心配する必要はありませんでした。もしあなたの家族の中にお金の管理方法を知っていて、かつあなたが信頼することができるのであれば、あなたに代わって資金を管理するように頼んでみては如何でしょうか。一日中投資のことを考えて取引を繰り返す必要はなくなり、安心した生活を送ることができるかもしれません。

参照文献

- 田孟心（2020），天下雜誌 Web only. 最慘畢業生！職缺驟減、薪資8年才追 上學長姐、新冠世代何去何從 ?Retrieved 2020, from https://www.cw.com. tw/article/5100568
- 董氏基金會華文心理健康網: 憂鬱症 Retrieved 2020, from http://www.etmh. org/CustomPage/HtmlEditorPage.aspx?MId=1547&ML=2
- Aaron Reeves, Martin McKee, and David Stuckler（2018）Economic suicides in the Great Recession in Europe and North America. Retrieved 2020, from https://www.cambridge.org/core/journals/the-british-journal- of-psychiatry/article/economic-suicides-in-the-great-recession-in-europe- and-north-america/DF85FA16DFB256F4DC7937FAEA156F8B
- Dayton, Gary,（2014）*Trade Mindfully: Achieve Your Optimum Trading Performance with Mindfulness and Cutting Edge Psychology*. USA. Wiley
- Diana Frasquilho, Margarida Gaspar Matos, Ferdinand Salonna, Diogo Guerreiro,

Cláudia C. Storti, Tânia Gaspar & José M. Caldas- de-Almeida (2016). Mental health outcomes in times of economic recession: a systematic literature review . Retrieved 2020, from https://bmcpublichealth.biomedcentral.com/articles/10.1186/s12889-016-2720-y

- Hila Axelrad, Erika L Sabbath, Summer Sherburne Hawkins (2017) The impact of the 2008 recession on the health of older workers: data from 13 European countries. Retrieved 2020, from https://academic.oup.com/ eurpub/article/27/4/647/3966602
- Megan Elliott (2015) How the Economy Can Hurt Your Mental Health. Retrieved 2020, from https://www.cheatsheet.com/money-career/the- troubling-link-between-the-economy-and-mental-health.html/
- Melissa McInerney Jennifer M Mellor, Lauren Hersch Nicholas (2013) Recession depression: mental health effects of the 2008 stock market crash. Retrieved 2020, from https://pubmed.ncbi.nlm.nih.gov/24113241/
- Sandee LaMotte (2020) Take stock of your mental health during the pandemic Retrieved 2020, from https://edition.cnn.com/2020/05/22/health/ mental-health-

pandemic-wellness/index.html
● Tetsuya Matsubayashi Kozue Sekijima & Michiko Ueda (2020) Government spending, recession, and suicide: evidence from Japan. Retrieved 2020, from https://bmcpublichealth.biomedcentral.com/articles/10.1186/s12889-020-8264-1
● Zweig, Jason (2007) *Your Money and Your Brain: How the New Science of Neuroeconomics Can Help Make You Rich*, USA, Simon & Schuster

おわりに

二〇二〇年三月台湾の株式市場は比較的高い水準にあり、個人投資家たちは株式市場の急激な上昇に喜んでいましたが、様々な国際的要因により、市場全体が突然下落しました。おそらくこれは誰も予測できないことだったでしょう。しかも、環境や状況は刻一刻と変化していき、私たち個人投資家にとってはコントロールできるものではなかったのです。そんな中で私たちが唯一コントロールできるのは、自分の感情だけでした。

自分の感情の変化を理解することで、市場に関するどんなニュースに対しても、より合理的かつ冷静に分析し、運用する上で最も有利な方向を見つけ、投資市場で不敗の帝王になることができます。

人間は動物であり、動物である限り感情を持ちますが、投資は理性が求められる行為です。そのため、いかに理不尽な感情を押さえ込み、冷静に投資市場に向き合うかが大きな課題です。

この本は、「行動経済学」や「投資心理学」と位置づけることができます。それよりも重要なことは、著者が本の中で共有する、投資市場の嵐と波に冷静に立ち向かう方法です。たとえ底に落ちても、感情を認識して制御することができれば、怖くはありません。あなたは状況をひっくり返し、大金を得るチャンスを作ることができるのです。

【著者】

王奕璿

台湾の国立政治大学にてIMBAを取得。その後、オーストラリアのニューサウスウェールズ大学にて社会科学の修士号を取得。現職は国立大学の講師を務める。幅広い分野に興味を持ち、自分のスキルを駆使しながら幅広い分野にて活躍している。また、時間を効率的に活用することで、一度に複数の案件をこなす仕事人でもある。著者は社会に還元するという理想を掲げており、自身の投資経験を共有することで、個人投資家が非投機的な取引の考え方を確立し、変動する投資環境でも安定した投資パフォーマンスを生み出すことができるようにしたいと考えている。

投資家心理

2023年3月30日　初版第1刷発行

著　者　王奕璿

翻　訳　田畑陣、黄婷筠

発行者　中野進介

発行所　株式会社 ビジネス教育出版社

〒102-0074　東京都千代田区九段南4-7-13
TEL 03(3221)5361(代表)／FAX 03(3222)7878
E-mail ▶ info@bks.co.jp　URL ▶ https://www.bks.co.jp

落丁・乱丁はお取替えします。

装丁・DTP／モリモト
印刷・製本／モリモト印刷株式会社

ISBN 978-4-8283-0989-7 C0033